鹿鸣心理

发言

从零开始
高效沟通

［日］佐藤达郎 著

朱娅姣 译

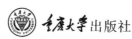重庆大学出版社

序言

我也曾是个笨嘴男，紧张得无法当众发言

"佐藤先生，您为什么口才这么好呢?"

不知从何时起，总被人这样称赞。

做报告，做一场成功一场；代表日本，在国际舞台上用外语做演讲；在会议上阐述自己的意见，在商务谈判或磋商中流畅地与人沟通。

为使自己在职场上有所成就，多数时间里，我都是在工作中边克服艰难险阻边一点一滴地磨炼自己。

现在的我，已经能够回答开头提出的问题；换作从前那个笨嘴拙舌的我，我连提出此类问题都做不到，会觉得问别人这种问题十分丢人。

年轻时，为什么总是说不好话呢？

当时，自己也搞不懂自己为什么不行。"性格如此，无可奈何"啦，"做不到的事，你批评我，我也做不到啊"，感受大致如此。

现在，我可以明确给出答案。

因为"不知道方法"。

因为信奉实际上并无效果的方法，"一直在朝错误的方向努力"。

不知道什么方法有效，朝错误的方向努力，不但会一无所获，还会加深自身口才不够好的认知。

比如，为使发言流畅而专注背稿，一旦在某处卡了壳，大脑中就会一片空白……此时，你已经走入一个很大的误区。

只要掌握本书中给出的方法，每个人都有当众发言、侃侃而谈的潜力。为助各位一臂之力，我提笔撰文，写下此书。

我是如何从笨嘴拙舌到善于言辞的呢？

我不是传授演讲技巧的老师，本业亦非主播。

年轻时，我不善言辞，沉默寡言，动不动就陷入紧张和焦虑中，对需要好口才的外向型工作非常厌恶。所以，我付出很多努力，以只管写不必说话也能出活儿的广告文案为目标，总算在广告公司谋了个职位。

然而，事与愿违。所谓广告文案，必须在会议上发言，才能得到他人认可。久而久之，做报告便成为工作重心。不能在人前漂漂亮亮地说话，就没法展现工作成果。

我拼命努力，每天都过得很痛苦，闷闷不乐，有时甚至会哭。即便如此，我还是会努力改进。再后来，我把提升说话技巧看成一种游戏，开始研究这件事。如果当时有个可以商量的人，或许我能进步得更快，然而并没有遇到这么一个人。我凭着自学精神观察他人，现学现卖，不断完善，将理论付诸实践。就这样，我渐渐变得会说话了，工作也做出了成绩。

运用 37 个说话技巧改变努力方向，人人都能拥有好口才！

在本书中，我把长年累积起来的说话技巧归纳为 37 个。为使您立刻就能学以致用、在工作中看到成效，我把每一个技巧都归纳得简单易懂，易于实行。

有些方法可能与常识相悖，但学会后立即可以派上用场，非常实用。本书不打算像某类书籍那样教您如何滔滔不绝地讲话，而是助您在公司内部会议上和给客户做提案时发言更有效率，效果立现，对工作起到帮助。

必须当众发表演讲时，听众的反应截然不同，这期间，面对尖锐提问也能游刃有余地做出回答，瞬间提升做报告的成功率——我享受到的这些成果、体验过的这些心情、拥有了的这些转变，希望可以与您一同分享、一起品味。

目 录

前言:笨嘴男找了一份"写广告文案"的工作 ………………… 1

第 1 章

脱离负面旋涡的第一步

不善言辞,因此,不追求完美 ……………………… 17

1 不要死背稿子 ………………………………… 20

2 不要拘泥于形式 ……………………………… 26

3 不要事事都详尽说明 ………………………… 31

4 不要照搬练习时的一切 ……………………… 38

5 舍弃让人高看一眼的心态 …………………… 43

6 接受意料之外的提问 ………………………… 47

7 不对事物下片面判定 ………………………… 52

第 2 章

告别紧张到说不出话的自己

让口才变好的 8 个心得 ………………………… 55

1 按原计划推进,其实并非正常现象 ………… 58

2 有疑问,就有机会进一步阐述自我主张 …… 62

3 较之"标准答案",先来个有个人风格的答案 ········ 67

4 沉默会引发焦虑,随便什么,说一句就好 ······· 73

5 用心体察对方的真实需求 ·············· 79

6 与其自己说,不如让对方来说 ········· 85

7 他人结束发言后立刻接话为宜 ········· 89

8 做演讲而已,又不会死人,把它当成"与听众之间的对
话" ··········· 93

第 3 章

只要记住招式就能轻松开口

人前说话不怯场的十大技巧 ········· 96

1 "不死三振"法 ········· 99

2 "微笑回应"法 ········· 103

3 "想到什么就说什么"法 ········· 107

4 "感谢指正"法 ········· 112

5 "一礼二肯定三主张"法 ········· 117

6 "探询真意"法 ········· 122

7 "装傻充愣"法 ········· 127

8 "先给数字"法 ········· 131

9 "有困难就回到原点"法 ········· 137

10 "坦诚道歉"法 ········· 141

第 4 章

不再哭泣！不再怯场！

为使演讲成功，理应做好的 12 件事 ………… 144

1 把对方的信息当成强有力的武器 ·············· 147

2 用数字来表现不可或缺的资料 ·············· 152

3 在准备阶段就尽全力思考 ·············· 157

4 努力习惯"不习惯的情况" ·············· 161

5 试着遵循聚餐时的规矩来发言 ·············· 165

6 确定自己的立场和定位 ·············· 169

7 扭转单方面被观察的情势 ·············· 173

8 放开点，意思讲够八分就好 ·············· 178

9 找出点头附和的朋友 ·············· 182

10 留意对方的节奏 ·············· 186

11 只说自己思考过的东西，提高应对尖锐追问的能力 …

·············· 190

12 不加修饰的自己就是最坚固的盔甲 ·············· 194

结　语 ·············· 197

笨嘴男找了一份"写广告文案"的工作

在餐厅点餐,向警察问路,在联谊会上跟人聊天……不管身处哪个场合,我都很紧张,没办法好好说话——我就是这样的笨嘴男。找了一份案头工作,以为可以幸福度日,不料工作中在人前发言的机会增多,每天面对的都是地狱般的日子。

生活中也有语言障碍的笨嘴男

我叫佐藤达郎。不过,在本书中,请称我为"笨嘴男"。

年轻时,我口才真的很差。生性沉默寡言,安安静静,在乐队里弹低音吉他。不知为何,总被人评价"挺像个贝斯手"。

去新宿和涩谷的繁华大街,找不到要找的建筑时,连进派出所向警察问路都紧张得心跳加速,觉得警察看上去好可怕,不知该怎样开口。

现在想想,一句"请问去某某地该怎么走"不就行了吗,这都问不出口,实在是莫名其妙。

然而,事实就是没问出口。反正当时觉得,问路一事本身就让人感到痛苦,丢人也认了,求了同行的朋友,请他去问。

在餐厅点餐也一样。我不敢叫服务员。想说上一句"不好意思,我要点餐",可不知是不是声音太小,忙碌的服务员总是下一秒就走到别的桌子去了。就算满怀期待举手示意"看看我呀",也只会落得被无视的结局。最后,朋友看不下去,帮我叫了人过来。

　　上大学时曾参加过联谊会,可一样说不好话,没说两句就会词穷……心里充满焦虑,只会默念"必须得说点什么,必须得说点什么"。就算能问出问题,对方也答了,对话还是会就此停滞。坐在我身边的女孩儿亦是一脸不高兴的模样。

　　见对方兴味索然,我心里更加难受,竟顺嘴溜出一句"对不起,我这人说不出什么有意思的话",气氛随之更加尴尬——唉,回想起当时的光景,还是觉得很痛苦。

　　聚餐途中被要求"表演一个才艺呗",我痛苦极了。到底该演什么？有意思的话题一个都说不出来，什么素材都想不到。本来就讨厌在人前露脸，在众目睽睽之下干这干那，太丢人，实在没法表演。

我有些朋友，说话自带段子，一出场就能成为众人瞩目的焦点，我很羡慕他们……那时，我总是低着头，一次又一次在心里祈祷："千万别点名让我发言。"

我这种人，倒也有个擅长的技能，那就是"写文章"。我在乐队里负责给歌曲填词。

"好！靠写东西吃饭吧！"

得知有个工种叫"广告文案"，我十分雀跃，心想"就它了"，写写文案提升笔力，技巧上去之后，就不必说话，也不用自己推销自己了！只要写出好文案，开会时"啪"地往桌子上一放，大家就会"哇"地齐声称赞，说句"写得真棒"，工作就完成了——脑子里描绘过这样的画面。

"想做广告文案，是因为这份工作可以不说话。"
"这份工作不以说话论高低。"

带着这样的幻想，我参加了文案培训课程，有几条文案还拿了奖，机会终于降临。得知自己有幸和某家广告公司的创意总监见面，我便带上获奖作品去面试。对方说，你来我们公司上班，我就聘你为广告文案。

成为广告文案是我的第一志愿，我相信他说的话，其他公司一概拒绝，只参加了这家公司的考核，顺利通过，以广告文案的身份踏出迈向社会的第一步。接下来，我的人生该是前程似锦才对。然而，事实正好相反。接下来，请听一听我这段倒霉的遭遇吧。

每天都躲在厕所里哭

"写文案就是我的天职！"——我原本是这样以为的。可后来，我渐渐明白，在广告公司工作，不管你处在哪个职位上，会说话都很重要，而且是必备技能。就算文案写得再好，只在开会时往桌子上"啪"地一放，也不叫完成了任务。

首先，所谓"好文案"，并不是"谁看都觉得好"。受主题和所处环境影响，它会产生变化。所以，会遇到"这文案怎么就契合主题了？你来说说"这样的情况。

唉,真是每天上班都想哭。

老实说,当时的顶头上司并非一位值得尊敬的人。在我看来,他教给我的广告理论已经是老古董了。他要求我重新想创意,却不指明方向。我该怎么努力? 我不明白啊!

有一次,我觉得这位领导下的指示根本不合理,我在心里呐喊:"这不对吧,太奇怪了。"嘴上却含糊地应着,姿态僵硬。领导扔下一句"总之,照我说的改就行了",扬长而去。

我十分懊恼,怒火中烧。我气的不是这个人对我的态度,我是对自己悔恨不已,气自己无法出声反驳。

摆明了是他不对,自己却提不出适当的意见。我打从心眼儿里觉得自己特别窝囊,眼泪一下子就上来了。

我冲进厕所隔间,门还没锁死,眼泪就吧嗒吧嗒地掉下来,还哭出了声。老大不小的,还在厕所里哇哇大哭……

无法精准地表达出脑中所想,无法从容地面对领导,或者说从容地发表言论,我苦不堪言,难受极了。

被一句"没新意"打击到得了"发言恐惧症"

除面对领导外，开会时无法如预期般发言，也给我带来极大的压力。会上，我不仅要提供文案金句，还要针对电视广告和海报主视觉可能会用到的素材发表意见。

可我几乎说不出什么。

对自己，我根本就没自信。"这话说出去，别人会不会觉得我没能力？""会不会只有我一个人觉得这个创意好？"不管想到了什么点子，脑中盘旋着的，始终是这类想法。

我想东想西，会议也在持续进行。一个人结束发言，就会产生一丝空当儿。我心跳加速，心想，我必须说点什么，这时不说更待何时。扑通扑通心脏猛跳的感觉，至今仍记忆犹新。

我鼓起勇气，好不容易跨越心里那道障碍，准备说句"那个——"，恰在此时，坐在对面的前辈讲出了他的好创意！我"啊"了一声，又把话吞了回去。

偏偏在这种时刻，所有人都会对那位前辈的发言做出肯定。"这想法不错！按这个方法做，说不定会更有趣？""这点子很好啊，那咱们就把这里再……"大家热烈地讨论起来，我则完全错失发言的机会。

不过，即便如此，随着参会次数的增多，我想尽办法，见缝插针，时不时能发表些自己的意见了。当然，心里还是紧张的。我克服犹豫不决的心理，带着极大的不安，尝试开口发声。

职场中的前辈们性格各异，有嘴上回应"是啊""说不定是呢"来回答我实则无视我意见的人，自然也有不采用我的创意但会找出并肯定我发言中优秀部分的人。

这其中，讲话直白的人不在少数。跟这种人一起开会，对方会干脆决然地说："你这点子没什么意思！"

好不容易鼓起勇气把想法说出口，却被一句"没新意"来了个当头一棒,我哼了一声,再不言语。说我没新意的前辈带着一脸怒气,接着讲起了他的点子。

这一记"没新意"的"大锤"影响甚大。那之后,好长一段时间内,我更害怕当众发言了。

可是,公司不需要无法在会议上发言的人。这样的人不容于公司,也无法在竞争中存活。为克服发言恐惧症,我拼命努力,挣扎度日。

资历越来越深,情况已变成不得不发言

又过了几年,创意团队全员大会和其他部门共同出席的会议也要去参加,这些会议也需要我发言,可我还是做不到。我不明白应该在什么节点上出声,跟不上会议节奏,非常苦恼。

35 岁过后,我升上创意总监的位子。这职位,最重要的工作就是"做报告"。天哪,我分明因为不擅长说话才选了这份工作和这家公司,结果却成了这样。

话说不漂亮也能把工作做出成绩——对于我这种笨嘴拙舌的人而言,撰写文案就是我的天职。为此,我辛辛苦苦用心争取,终于谋得这个职位,可随着年龄的不断增长,只有发言次数在跟着不断增多。

30 岁过后,说话已成为工作重心。早知如此,当初我就该加强锻炼,提升口才,或去进修、参加研讨会。

又或者,是不是该选择一份本就需要好口才的工作?只是,那种莽撞行事也能获得谅解的 20 多岁早就离我远去,如今再提起自己不善言辞,受限于自尊心和工作处境,也没法找人商量。一想到这种每天心里仿佛都被掏空一样的生活会持续数十年,我眼前就一片黑暗。

我为什么能够进步,能在国际舞台上做演讲?

40 岁过后,笨嘴男转变为擅长言辞的人。与各个对手公司谈判,每战必胜,人送外号"连胜男"。不知不觉间,曾经那么讨厌的"说话"一事,已成了我的武器。

喝酒聚餐时,能口若悬河地聊,似乎也有很多人跟我待在一起就感觉很开心,还有人问我:"你这说话技巧是从哪学来的?"上学时参加联谊会时的窘境仿佛一个天大的笑话。

　　2004 年,在全球规模最大的广告界盛事戛纳国际创意节上,我受邀担任备受瞩目的短片单元之日本评委,我用英语与来自世界各地的 22 位优秀评委进行讨论,贡献力量,将日本作品推向更高的位置,也在决定金奖花落谁家时发挥了重要的作用。

　　开会时,在什么时间节点说怎样的话才得体? 这个问题,放在本国会议还是国际性会议上,道理都一样。在经历过的各种会议中锻炼出的讲话技巧,一样能充分运用在国际舞台上。

　　另外,2006 年,在泰国举办的另一场国际广告盛事亚太广告节上,我在 700 人面前用英语做了演讲。我与另一位同去的女士在研讨会上差不多说了一个小时,据听众填写的调查问卷来看,我更受欢迎。从那时起,我就再也不抗拒"当众发言"这件事了。

为脱胎换骨,笨嘴男如我,都做了哪些事呢?我归纳为3点。

1. 在工作中,"不得不发言"是客观现状。救命稻草也好什么也罢,抓住一根就别撒手,提升自己的说话能力。

2. 将"说话"视为一种游戏或某类比赛,用学习的心态对待它,怀抱兴趣,学习它的规则和技巧。

3. 自身要下苦功。听者在哪个节点做出认同?如何应对听者提问?怎样才能获得好结果?如此这般,就会形成专属自己的规则和技巧。

战胜每天哭泣的日子

为什么口才会变好，我觉得，是因为有过天天哭泣的经历。

如前所述，我嘴笨，公开发言会瞬间紧张，不擅长说话。正因如此，我才会对做报告和做演讲格外上心，认真研究自己哪里做得好哪里做得不好，根据呈现出的结果不断调整自己。

回过头看，当初不避开不擅长的东西而是勇敢地面对，似乎是对的选择。购入且正在阅读本书的人，应该会有同样的心情。

书中推荐的技巧大集合，都是我一个一个亲自实践、在实践中试验并罗列出的成果。

是什么促使我这样做的呢？

是不服输的心态——内心明明翻江倒海，嘴上却说不出反驳的话，懊恼极了；是窝囊的事实——别人给句"那你说说看"，我也只能答得含糊其词；是痛苦的分分秒秒——做报告时，一旦被人戳到痛处，就会语无伦次，冷汗直流。

一点不夸张，身处生死存亡命悬一线悬崖峭壁的边缘，我才发生了转变。

我所在的广告行业被称为利字当先的世界，一直在比稿中落败，会没工作可接，在公司无立足之地。

就算客户点名要我们公司接活儿，拿出的点子过不了客户那关，一样没法制作。可是，广告播出的时间基本都已提前定好。今天之内，如果创意还是得不到客户认可，就赶不上了。已经给出三个提案，客户仍没有定论。为脱离这种千钧一发的危险境地，存活下来，无论如何，都要掌握做报告和做演讲的技巧。

客户必须且只能通过看"创意"来做决定，无法靠已完成的实物来下决断。当然，主观上也会看企划书，加以判断，但最终，客户给予我和我的团队的信赖，才是不可或缺的一环。

基本上，这跟我们平时购买商品和服务是一个道理。买方必须先确认"生活中的确需要这件商品和这项服务"，才会掏钱购买。

这样想来，做报告和做演讲，本质上是一种获取听者"信任"的行为。

有社交恐惧症的人、当众说话很痛苦的人能够逐渐开口说话,本身就足以使人欣慰。于我而言,我要解决的是工作中如何冲破这种局面。

总之,听者与我无关——这样安慰自己固然可以使自己放松下来,但在工作中,不能真的这样想。

我做梦也没有想到,无法当众发言的我能够站在全球舞台上代表日本做演讲。之所以能够做到这点,也是因为我战胜了那些痛苦的日子。

我知道,有许许多多的人跟从前的我一个样,嘴笨,无法在工作中侃侃而谈。我还记得自己那段没人可以谈心的痛苦不堪的日子。若我这些迄今为止锤炼出的谈话技巧能为他人略尽绵薄之力,于我而言,便是幸事。

第1章

脱离负面旋涡的第一步

不善言辞，因此，
不追求完美

人很容易想到自己失败的样子，却很难展望自己成功的样子。这是因为，在成功的模样成形之前，你期盼失败的自己能够做点什么。为使自己脱离这种思考方式，舍弃对自己的负面印象吧。先从这一步做起。

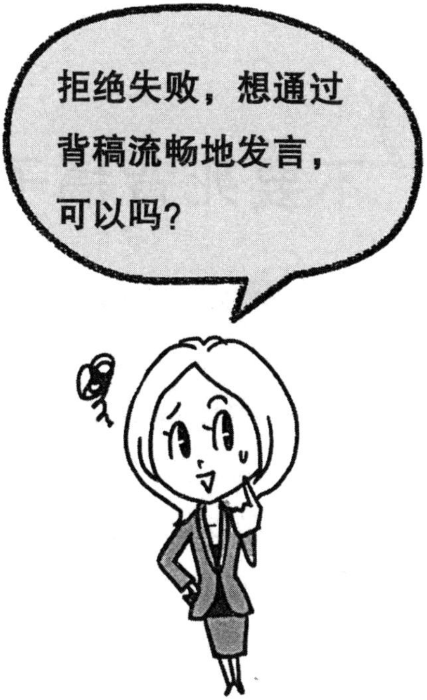
拒绝失败，想通过背稿流畅地发言，可以吗?

不要死背稿子

希望自己能像口才很好、人缘很好的部长那样讲话自然流畅;不脱稿发言看上去就是一副没口才的模样,我不要,还是背稿子的好;不擅长说话,所以,必须付出与之对等的努力来改善。——你是不是也这样想过?

觉得自己不擅长当众发言的人,其实很多都是非常认真努力的人。 他们不允许自己失败,所以会背稿。不过,想要口才变好,首先,最重要的一点就是"不要背稿"。否则,不过是在朝错误的方向努力。

事实上,口才好的人都不会背稿。专业级别的、能自在发言的人只会借助从前的经验旁征博引,**绝不会头天晚上在家背稿。**

他们会看几眼笔记,同时,流畅地发表讲话。看笔记,并不会给人口才拙劣的印象。比如,美国政府的新闻发言人(与媒体打交道发表演说的专业人士)出现在电视上时,没有人背稿,而是时不时低头看一看手边的提纲,同时,毫无滞涩地进行发言。

我尝试过努力背稿,但背不进去,记不住稿子。反复练习,还是不能流畅地说话。费尽心力,好不容易背下来,也会在一两个地方卡壳。**越刻意提醒自己"必须记住这句"越会对那些地方产生"记忆抗体"。**

经历过这些后,我琢磨着背稿这方法大概行不通。不背稿,明天直面部门会议,又如何呢?一试之下,哎呀,竟然说得挺流畅!但我也明白,不准备心里还是不踏实。只不过,**"做准备"并不等同于"背稿子"。**

最好不要背稿之四大理由。

"背得很完美",原本就极难达到

这会耗费庞大心力。很多事,我们都做不到完美。一做不到,心里就会不爽。这样一来,你会对当众发言这件事越来越抗拒。

② 一旦在某处卡住,就会打乱整个发言节奏

例如,背稿时,如果第 7 行总是记不住,当天上台时,就会想,这个地方不能出毛病,心里越来越焦虑,就算只有一句没接上,都会陷入恐慌。

③ "好不容易背下来"的内容无法应对突发情况

职场中随处可见"话题顺序有变动""被要求缩短讲话时间(或稍做延长)""会议一开场,部长宣布方针政策有重大调整,应对必须跟上"等突发状况,针对这些情况,"提前背稿"反而会导致无法灵活应对。

④ 会对"回忆背稿过程"过于专注,形成习惯

与各种外在因素相互配合,发言才能成功。除回忆背稿过程外,该留意的、该花心思的地方还有很多。说话时可以看笔记,在发言过程中,也应同时注意周遭环境和听众的反应。

好，不背稿。那怎么做才合适呢？

我的做法是，**"只写重点，发言过程中，时不时瞄上一眼"**。就列四五个重点，视线稍稍跑偏也能一眼就看清，不会陷入不知眼下已经说到哪里的混乱中去，也可以预防话题顺序被搅和得乱七八糟。

另外，我偶尔会在重点和摘要之外另备一份完整的发言稿，塞在衣兜里。万一登台前心里紧张，就拿出来念念。只要想到兜里有这个垫底，就很放心。心里平稳了，就能静下心来说话。对于我来说，发言稿就是"平安符"。

无论如何，先从"不死背稿"做起吧。

最好不要背稿
之四大理由

1
"背得很完美"
原本就极难达到

2
一旦在某处卡住
就会打乱整个发言节奏

3
"好不容易背下来"
的内容无法应
对突发情况

4
会对"回忆背稿过程"
过于专注
形成习惯

💡 小提示

死记硬背完全没好处。我建议，写下重点，发言过程中时不时瞧上一眼。还是不放心的话，就把要说的内容通通写下来，带在身上。必要时，它就能发挥作用。

为更清晰地表达，希望自己的发言能遵循固定的套路，可以吗？

不要拘泥于形式

不擅长说话的人，会试图记住"固定套路"。

正因不善言辞，才会依赖于套路，想要从套路中获取助力。可以说，这类人的心理活动，是通过记忆模式来获得"最起码的"对话效果。

对此类心情，我十分感同身受。姑且一学，学会固定套路本身，并不是坏事。不过，"按套路走"很难做出一场好的演讲或报告，过分拘泥于形式，会陷入"我口才不好"的认知里，无法自拔。

轮到自己发言时，张口就以"嗯，那个，今天天气甚佳"这样的僵硬口吻说话的，不在少数，我称之为"今日天晴派演讲"。再不然就是雨天换词，改说"今日天气欠佳，承蒙冒雨前来……"作为开场白。

"套路化"发言并不会引起听众的兴趣。请站在听众的立场想一想,没有人愿意听生硬的寒暄话,对吧。大部分人想听的,应该是有内容的东西吧,哪怕只有一点点。

还有,**说话人生硬,回应的人也会变生硬,心存戒备**。他们会双手抱胸,皱起眉头,用"话里有没有失误""话说得合不合适""话说得是不是有意义"等批判性态度来听你发言。

所以,"按固定套路发言"这条路,不要再走了。

别按照他人要求你的方式去说话,用自己平时说话的语气就好。

话题顺序也不要按老路子走。场景分析、竞争对手解析、提案的内容、总结归纳,大部分人对这套每天都在重复的东西已非常厌倦。

在此,列举 3 个说话时的小窍门,非"套路化"。

① 试着说些非套路化的开场白,哪怕仅在开场白处是这样

今早看电视时记住的东西、看报纸时留意过的报道内容、坐车上班时看到的世间一幕、整理企划书时脑子里浮

现的想法,就算只有一句感想,也请试着说些不套路化的语句。

② 说些脑中浮现出的、与提案无关的话

例如,注意到今天要一起谈事情的人系了条红领带,跟平时不一样,你就实话实说:"部长,您今天看着很亮眼呢!"

③ 避免使用不知从哪儿学来的"套路"

对下着雨仍肯出门赶来的听众,不要说"承蒙冒雨前来",直率地说句"下着雨您还来,太感谢了"。如有可能,再加一句"雨下得还大吗"之类的话。

想表达"感谢贵公司给予我方宝贵机会"时,试着用日常口吻说句"有机会给您做提案,我非常开心,这是我精心准备的企划书,请多多指教"。

演讲也好,报告也罢,都没有"一定之规"。

多数情况下,话已出口时,话语中的骨架就已经成形了。把心思放在"避开套路"上,反而能成就一场精彩的演讲。

图2

不陷入无趣套路的说话技巧

试着说些非套路化的开场白，哪怕仅在开场白处是这样

 "我看今天的报纸上说……"

 "来公司的路上，我看见一只大狗……"

说些脑中浮现出的、与提案无关的话

 "部长，今天您看着很亮眼呢！"

 "一进门，感觉气氛和以前不一样啦！"

避免使用不知从哪儿学来的"套路"

 "承蒙冒雨前来" ➡

 "下着雨您还来，太感谢了！"

 "雨下得还大吗？"

 小提示

　　用生硬的方式寒暄，对方回应时也会态度僵硬，所以，应提醒自己避开套路。

不要事事都详尽说明

"总之,要详尽说明",有人认为,这就是做报告的终极目的。

然而,你拼命解释,对方却一副心不在焉的样子,敷衍似的哼两声,点点头,根本搞不清楚他理解了多少;更有甚者,会一脸无趣地左顾右盼。这种经历,我想大家应该都有过。

"详尽说明"后,对方就会接受提案——这本身就是一种误解。

以前,我也事无巨细、千方百计地解释,老想把细节全说清楚。看见听报告的人板着脸,心里就慌,舌头开始打结,变本加厉地进行说明,说车轱辘话。反正,就是受不了现场有人沉默。除重复说明外,想不出任何解决办法。

"详尽说明"有时会使情况恶化,理由有三。

1 人在做决定时,靠抓单一重点来下决断

买东西时、别人给出建议时,从头到尾全部研究一遍再决定买不买、听不听的,不多见吧。因为很多提案、商品和服务,无法满足每一个人的需求。"就觉得喜欢""在某些积极层面上被吸引",人依据这些对事物下判断。

2 不满意的原因,可能是其他问题

在给否定意见时,每个人理解和在意的侧重点都不相同。"整体感觉不错,但有个地方不太满意""这个提案不坏,但我决定不了用不用它"——出方案时,挖出这样的重点并妥善应对,非常重要。

3 将会在重点问题上反应迟钝,疏于应对

重点展示提案、商品和服务的优势,能帮助对方更容易地进行挑选,表现出你的体贴,又或者,你需要找出对方无法下决断的理由,并做出应对。

只顾着"详尽说明",你就会在这些重点问题上反应迟钝。

现在,做报告时,我经常看着对方。特别是掌握决定权的关键人物,我会时不时地关注他们表情的变化。

大致说明一遍后,观察对方的反应。若对方板着一张脸,我会试着抛出问题,探明对方为什么会这样。

另一种情况是边做报告边积极回应对方的提问。如果对方被某个说法吸引,我就会抓住机会,主动索取回应,问他:"有没有不太明白的地方?"

越优秀的人,看企划书后理解主旨的速度就越快。明明都看懂了,你还要"画蛇添足般地解释",对方可能心里很想大声喊:"我已经明白啦!"

另外,就算对方完全不理解你的提案内容,也不代表他搞懂后就会跟你说满意。

不擅长做报告的人总想把事情说清楚,可做报告的重点并不在"说明"这个动作上。

那么,"做报告的目的是什么?"为了调动对方的情绪。

跟发表演讲是一个道理。

往给出的规定时间内塞入太多内容,人就会赶着说话，想一口气说完了事。这种情况很常见。

站在听者角度看，或许"你说这么多，我根本记不住"才是他们的真心话。

有经验的演讲者，常在开头和结尾强调"今天的侧重点是这里"。演讲者主动用一句简短的话语概括主旨，希望听众把"侧重点"记在心里。

首先，你要考虑听众的接受能力。请站在"听众"的立场，想象一下。

商业人士平时就有很多机会接触各类演讲，他们不会把内容全记住，也没有必要。留在脑海里的，只有那些必须留的、对每日工作起帮助作用的重要内容。

被誉为演讲天才的史蒂夫·乔布斯，人人都记得他斯坦福大学那场 15 分钟左右的演讲，为什么？因为他出了一句名言，"求知若饥，虚心若愚（stay hungry，stay foolish）"。

看书时也一样。几乎没什么人会从头背到尾，对吧。记住作者表明的主旨和几处重要内容就可以了。书这东西尚且可以随读书人的性子挑着读，演讲就不行了，必须归纳出重点。

综上所述,相信各位已感受到什么叫"把想说的话都说完,不一定是件好事"。把演讲主旨浓缩成一句话,关键词别超过 3 个,听众能抓住演讲者表达的重点,演讲就一定会获得成功。

 小提示

把想说的话都说完,不一定是件好事。听众不可能一次性理解透,所以,有必要将需要强调的点明确讲述出来。

图3

"详尽说明"会使情况恶化理由有三

1.人在做决定时，靠抓单一重点来下决断

就觉得喜欢！

在某些积极层面上被吸引！

2.不满意的原因，可能是其他问题

整体感觉不错但有个地方不太满意

这个提案不坏，但我决定不了用不用它

3.将会在重点问题上反应迟钝，疏于应对

不要照搬练习
时的一切

练习很重要。某种程度的练习，当然会有帮助。

话虽这样讲，比起字斟句酌反复练习并"照搬练习过程"来发言，不如**练习时只做个大概，给现场发言留些余地，这样效果反而会更好。**

还在公司上班时，销售人员一说"咱们练习一下吧！"我就会心生警觉。"无数次的练习是成就好提案的必要途径"吗？未必是这么回事。

请再次站在"接受提案的一方"的立场，试着想想。

自己尚未完全理解，对方却滔滔不绝地说个不停，你做何感想？再比如，陌生词汇一个接一个地冒出来，感觉又如何？

对方根本不管你明不明白那些词汇的意义，只是自顾自地说说说,你会很讨厌对方,对吧。

做提案,始终要根据对方的节奏而安排。对方变,你也变。不过,多数情况下,我们都无法在做出提案前就掌握有效信息。

明明字斟句酌反复练习,打算照搬练习过程发言,可一见对方满脸嫌恶、出乎意料的反应就变得语无伦次的前辈,我见得多了。

练习时将现状分析当作重点内容,拼命练习过,结果客户只想赶快听到提案内容;听了练习时反响不错的笑话,客户连笑都不笑,面无表情;内容明明有四部分,客户却只对第三部分感兴趣,提出大量问题,结果第四部分没有时间进行说明了。

最终,我得出这样的结论——希望对方配合着听着你讲话,是不是本来就是一个错误的期待?

做提案,就是与人对话。当下看来,是提案人一方在不断说话,但这件事情的本质,乃是对话。你必须观察对方的反应,听懂对方的言外之意,调整应对方法。

那么,提前练习时,怎样练习才有用呢?重点有三项。

重新研究整体流程

在看不见的观众面前说话,借此了解内容中晦涩难懂的部分和整体流程中前后顺序的问题。就算企划书上的内容已研究过多次,实际出声说一说,就有可能做出流程更佳的提案。

 模拟初次听报告的人的反应

对你和团队成员来说,越是努力推敲提案中的内容,越不容易想象初次听报告的人会有什么样的反应。尽可能问团队之外的人的想法,假装体验一把初次听报告的人给出的反馈,这样比较有效。

 练习答疑,在回答问题的过程中深入思考

提前练习时,坦然接受提问,努力做出回答。通过这一过程使思考更深入,就算正式上场时没有出现类似的提问,这个做法本身也是有益的。

总之,**别一锤定音,这很关键**。做提案这事,临场感很重要。除非你是经过专业训练的演员,否则,多次练习后表演出来的演讲，不会打动任何人。

所以，**做练习，大体上过得去就行**。想要改变，请从正式上场时"不要照搬练习时的一切"开始。

舍弃让人高看一眼的心态

回顾过去,我年轻时,对自己的说话能力极度没有自信。是不是别人都觉得我不行?——自我意识过剩。为此,我更喜欢虚张声势,变本加厉地希望别人"高看我一眼",哪怕只有一点点。

但是,实力不足却让别人"高看自己",是作茧自缚,会使自己神经紧绷,容易出错。哪怕出一点预料之外的状况都会手足无措,最后,大脑一片空白。

做个类比。这就像 Lady Gaga 穿着 50 厘米的高跟鞋跑步一样,稍不注意,就要摔跤,跑得不会轻松;又好比戴着时髦的香奈儿手套去敲键盘,很容易误按,不容易打出想打的内容。

做演讲和做报告的诀窍,不在于"看起来很棒",而在

于**"看起来很自然"**。不擅长当众发言的人没法让自己"看起来很棒",不如秉持"顺其自然"的心态,成功的可能性反而更高。

首先,你要明白,"实力不足却被人高看一眼"是不可能的,放弃吧。

其次,不要侮辱听众的智商,人不会那么容易被哄骗。你若趾高气扬,对方只会给你一句"你好狂啊";说话流利得过分,很可能会给人一种轻佻感;刻意堆叠大道理却有讲歪理之嫌,对方可能会觉得你格局小。所以,顺其自然地做自己、不论输赢,反而能得到好效果也说不定。

"舍弃让人高看一眼的心态",具体来说有三点好处。

 ## 能让你气定神闲,很神奇

顺其自然,做好自己,这么想,就不会紧张。面部表情不会僵硬,心情会特别愉快。照做后,话能说到点子上,跑题的可能性会小得多。与其穿 50 厘米的高跟鞋,不如穿双如同光脚踩在地面上一样舒适的鞋子去跑步更容易些,对吧?

2 就算出现突发事件,也能胸有成竹,应对自如

想让人高看一眼的心态会导致你疏于应对突发事件。突发事件,就是瞬间发生的事,情况已不容许你瞻前顾后。在这个节骨眼上,还要背"让人高看一眼"的包袱,就无法迅速而妥善地进行应对;做"真实的自己",脚踏实地地解决问题,脱离险境的可能性要大得多。

3 听者会对你产生"诚实""没距离感"等好印象

舍弃让人高看一眼的心态,在发言和做报告时用真实的自己一决胜负,听者会对你形成"诚实""人品好,不做作"等印象。当然,发言也好做提案也罢,都讲究综合能力,但这些好印象会为你的表现锦上添花。

面对突如其来的
问题无法作答，
只得沉默……

接受意料之外的
提问

"别问问题，保佑我，千万别问问题。"

有没有人在做演讲、做报告时脑子里常常重复这句话？对这种心情，我实在感同身受。做演讲、做报告时，节奏基本由自己掌控，但提问环节的节奏由对方掌握。应对这个节奏，还蛮难的。

求神拜佛式的祈祷，还是算了吧。很多演讲和报告现场都会安排"答疑时间"，主持人也会一再追问"有人想问问题吗"。提问题能进一步加深对问题的理解，让参与进来的人更满足。

那么，设想一些提问，提前做一份问答清单，好不好呢？有益处。做一做也无妨。

不过，做完就放下心来，也不行。

设想三四套问答并做练习，期望现场能完美发挥，可面对预料之外的提问时，你还是会惊慌失措。这是必然的。那设想 5 个、10 个问题呢？

我劝你还是算了。想出 10 个问题原本就极难，还要给 10 个问题分别准备相应的答案，不现实。把心思花在这些事情上，反而会忽视真正重要的内容。

一次又一次做演讲、做报告，接受各种各样的提问，在这个过程中，我了解到一点：意料之外的提问本就避免不了。

提问这种东西，大部分时候都是意料之外的。迄今为止，我面对过无数次的提问，心中仍然会呐喊："咦？竟然会问这种问题？"

在做报告的人看来，世间很多提问者会给人这样一种感觉：能问出这种问题，此人简直是个天才！

"接受意料之外的提问"代表你在心态和接受提问的姿态上有了一大转变。

我会在第二章详细阐明回答意料之外的提问时的诀窍，不过，前提是，你要接受"意料之外"这件事。

不管问题提得多么唐突，既然"已意料到"那种问题会来,手忙脚乱的程度就会大幅降低。

最需要避免的就是"觉得麻烦"。就算这么想了,也于事无补,事情亦不会有什么进展。

遭遇麻烦,人会受到伤害,也会浪费时间。处于麻烦中,人会接二连三地遭到否定和恶意质问,形势逐渐恶化。

演讲、报告的互动过程几乎都很短。保守估计,也就开头两三分钟,甚至其中数十秒就可能左右整个谈话走向。

在这种情况下,你没有时间嫌麻烦。有这工夫,还不如用心应对。**你不能指望给出"绝对正确的答案"或"最合适的答案"。**

总之,尽力做出回应。这是第一要务。

预料到可能会被人推搡,于是先站稳,就算被人用力推,你也不会打晃;什么心理准备都没有时,即使只被人轻轻推一下,你也会晃来晃去。

如今再看,大部分人做报告和做演讲时陷入的麻烦,都是这种"站不稳"的情况。

做演讲和做报告,也会"被推"。对方给出负面反应或恶意质问的情况时有发生,你却满不在乎地站着,等到真的"被推"才开始伤脑筋,"怎么能这样!"

仔细想想,这是不是挺诡异的?

一百个评价里,只有一个会是"你真棒"。还属于意外收获。随时做好"有人会提问题刁难我"的心理准备,随机应变就不是难事。

还有,做提案和去面试时,若彼时对方反应甚少,结果多半也不佳。频繁出现难以解答的提问,恰恰是因为"有可能录用你",比起一马平川式的提案和面试现场,这种情况下被录用的概率反而大得多。

世界首屈一指的广告公司 WPP 集团,其领导者马丁·索罗以演讲从头到尾都秉承问答形式而著称。这种独特的风格,意味着当他宣布"接下来的 60 分钟内,我会回答任何提问"时,他已经转守为攻,掌握了主动权。

想要流畅应对意料之外的提问,首要秘诀就是接受"意料之外"这件事本身。

不对事物下片面判定

我摆脱笨嘴男称号的诀窍是什么？因素有很多，但回头想想，若只能选一个来讲，我想，是"不对事物下片面判定"。我会把精力用在**"不要先入为主，配合对方步调做出妥善应对"**上。

做报告，做演讲，算是某种"比赛"。

何况，我们跟对方多半是初次见面，对方将如何反应，我们知之甚少。在这种情况下，若以既定常识来看人论事，就无法做出妥善应对。只有秉承"万事皆不下定论"的态度，才能成就"配合对方步调做出妥善应对"这一步。这至关重要。

下面,列举一些我抱持过的既定印象。相信很多人都这么想过。

"部长就是这么一类人。"

"这样的措辞,客人就会高兴。"

"做报告时,先从分析大环境入手比较好。"

"跟人寒暄时,先聊天气准不会错。"

"机会难得,多塞点我知道的事进入话题,放开了说。"

"被人批评时,要立刻表示自己会马上改正。"

"说话方式越客气越好。"

"穿西装就必须打领带。"

"报告开了头,往下当然该按预定好的顺序一个一个地讲。"

然而,这些通通会随对方或当下状况的改变而起变化。在了解一定之规、坚持自己方式的同时,也能配合对方或当下状况的变化去思考,这才是上上策。因此,不要对人对事下定论,尝试这样思考。

"部长也性格各异。"

"同样一句话,有的客户听了会高兴,有的则不会。"

"就算要做报告,以电视节目里的段子切入话题没准也不错。"

"有的人对天气话题相当不感冒。"

"好多人只愿意听人讲重点。"

"即使被批评,坚持自我主张且最终效果不错的案例也相当多。"

"有人喜欢自然随意的说话方式。"

"喜欢休闲类服装搭配风格的客户也是有的。"

"做报告时,应观察对方的反应来调整话题顺序,时而跳转话题,时而简略概括,报告才能顺利进行。"

万事皆不下定论,以灵活的方式来应对吧。

舍弃既定认知和既定准则,先跨越这一步。不要否定做不到这点的自己,而要给做不到的自己去除枷锁。

以前,没人跟我说过这些。我也没跟别人说过。但事实上,大家都会抱持这种无谓的烦恼。想做点什么,因此,认真准备,做到极致。抱持这样的心态,各位就一定没问题。在沟通中,获取对方信赖是最关键的一环。相信你已经知道该怎么做了。

第2章

告别紧张到说不出话的自己

让口才变好的8个
心得

为得到对方的理解，就算能够舍弃负面想法，也不可能立即做出打动人心的报告或演讲，更不要说工作中的景况。好好投球接球，很重要。俗话说，口才好的都是倾听高手。想要获得他人的认同，该怎样做呢？

按原计划推进，其实并非正常现象

请诸位回忆一下自己当众发言时的情景。"一如预期"地发展，占几成？应该屈指可数吧！或者，一次也没有！

我年轻时，反正一次也没有过。

我有位客户是位部长，企划书翻到第 5 页时，他就停了手，胶着在那页内容上；等我讲解到第 11 页、尚未讲完时，他又忙着往后翻。

明明跟对接公司的负责人充分沟通过项目内容，部长却怒吼一声："我们这边的委托方向从一开始就不对！"

给啤酒做电视广告策划，用尼亚加拉大瀑布做素材表现爽快感，对方公司的销售人员却说"倾泻而下的瀑布会让人联想到一泻千里的销售额,这不行!"每当此时,我就觉得很烦,一筹莫展。

公司内部会议上,情况相同。一夜没睡思索出来的文案,本想拿到会议上请大家定夺一下,上司却来了句"今天讨论视觉设计上的方案,文案那件事,下个礼拜再说吧!"

给杂志广告做企划,本应由我的上司向销售人员进行说明,上司因故不能出席会议,销售人员转头就吓唬我,"你们这个样子,客户是不会点头说满意的!"叫人不知该如何是好。

唉,无奈。20多岁那会儿,事情老是不按我预期的那样发展,总陷入穷途末路的境地。这种日子不知道过了多少年,一点也不夸张。

被许多次"未能如预期发展的场面"捶打,这期间,我逐渐认识到"事情如预期般顺利才叫意外,那并非正常现象"。

你(以及年轻时的我)的脑中和心中,一定盘踞着这样的常规印象:事情都该按照原计划发展。

也可以说,这是种"想要按照原计划发展"的愿望。

为实现愿望而拼命努力,你就会变成自说自话的人,最终失

去倾听对方意见的姿态。这就误入歧途了。

做报告，做演讲，或在会议上发言，基本都无法按照原计划进行。为什么？因为你的说话对象是人。

对方的性格、立场、能力、知识、技能各不相同，现场状况也千变万化。更何况，大部分报告或演讲都是面向多人进行。这么多人的性格、立场、能力、知识、技能交织在一起，错综复杂，可以说，提前预判流程和发展方向，是不可能的。

总之，照计划走，不可行。当然，人应该把要说的内容提前组织好框架，不过，做报告，做演讲，或在会议上发言时，须提醒自己"能按原计划推进，并非正常现象"。若能够认识到"按原计划推进，不过是一厢情愿"，那么，不管发生什么事，你都不会走投无路。

至少，你能避免手忙脚乱。

无论哪种运动，"招式"都很重要。网球也好足球也罢，对方出其不意地攻过来，你接招时，必须拿出能化解对方攻击的"招式"。

做报告和做演讲也是同样的道理。"原计划"只是一种备案，万不可有"事情总会按原计划推进"的想法。

有疑问,就有机会进一步阐述自我主张

为何那么讨厌回答问题呢?

年轻时,我总是特别害怕上司或客户提出尖锐的问题。

现在的我,却"喜欢上了问题"。能不能赶紧向我提问啊,我总在期盼这个。就算问题再尖锐,我都不怕。

为什么不怕? 因为**有疑问就有机会进一步阐述自我主张。**

报告和演讲,建立在自身知识和理解内容的基础之上。你使用的专业术语、你的逻辑推进方式和所思所想,都出自你自身,你当然对自己的意思了解透彻了。然而,对方的所思所想不见得和你一样。

再怎么试图清晰阐明,意思只有自己懂对方却不懂的情况依然比比皆是。对方到底哪里不懂? 我到底哪里表达得不清楚? 提问可让问题清晰地浮现,因此,应该坦然地接受质疑,欢迎来问。

若对方没有提出质疑,你也未把意思清晰传达给对方,就得没头没脑地重复讲解,自行找出到底哪些地方没有表达清楚。

"有疑问=有些东西没讲明白",这大致可分为五种情况:

 关键词是专业术语,对方不了解,不理解

 "因为 A 所以 B"中的因果关系没有解释清楚,对方不明白

 好创意中包含"跳跃性思维",这部分思路,对方没有理解

 对方的注意力放在会有消极影响或有风险

的部分，你考量过积极且能带来正面影响的部分，但你没有表达出来

 5 双方的目的和目标从一开始就不一致

还有一种，提问者只是想当众发言，会提"不算问题的问题"。在这种情况下，问题已失去原有的意义，因此，不必认真作答。应对此类质疑的办法，我会在第 3 章第 7 讲"装傻充愣"法中进行详解。

总之，你必须从对方的提问中找出**"我到底哪里说得不够明白"，努力让对方搞清楚那些东西。**

如果对方不来问问题，你是没有机会重复向对方阐述他不懂的地方的。就算给你时间重新说，若对方压根就不懂专业术语，你却重复内容中的逻辑推演；或对方明明担心的是内容带来的风险，你却一个劲地强调正面影响。无论哪种情况，你都做不出有意义的报告或演讲。

听报告、听演讲的人形形色色，如果你能明白"一次阐述并不能让所有人都懂"这个道理，把被提问看作进一步阐述自我主张的机遇，就再也不会害怕尖锐的提问了。

3 较之"标准答案"，先来个有个人风格的答案

"道理都懂,但我还是没办法冷静回答问题啊!"嘴笨的人大概都会这样想。

想要对前一节中列举出的提问做出判断,不论何时都能明确且深入地针对问题进行阐述,你必须有足够多的经验和技巧。

"反正,我就是不擅长回答问题。""明天开会时被问到,我该如何是好?"担心这些的人,从一开始就不要追求完美,先试着做到这一点——脑子里先蹦出什么就答什么。

说一件我还是笨嘴男时期的旧事。

我有位客户是部长，在他公司以独断专行而著称。我们的企划案常被他批得一无是处，他甚至这样骂过我们："别再浪费我的时间！"

之后，话题不知为何发散到广告预算上时，他直接扔过来一句话："你们对 10 亿日元没有概念是吧？ 10 亿日元能买多少东西，你们倒是说说看啊！"

对方是公司里有头有脸的人物，手握大权，独裁作风也是出了名的。

那一刻，是我方提案遭到否定，也就是单方面被骂的状况。在这个节骨眼上，蹦出这么个问题。这本来就是个难辨真实意图的提问，不可能完美作答。

该部长朝我方团队扔来这种问题，还等了一会儿，等我们回答。我司的销售人员和我的上司都答不出来。我当时算会议发言上的一把手，所以，得想尽办法努力承担起给答案这项任务。

当时，我脑海中蹦出来的第一个答案是"20 套公寓"。那段时间，我下班后喜欢到处走，边走边看房。印象中，两室一厅或三室一厅的公寓售价大约是 5 000 万日元。

脑子里怎么想，我就怎么说出口："大概能买 20 套两室一厅的房子吧。"

"唔,差不多吧。"该部长答道。顺着这一问一答,话题得以继续,确定了工作方向——接下来该把企划重心放在哪个点上,最终顺利地结束会议。

这个案例或许比较极端,也可能有人对"能买 20 套房"这个答案不满意,即便如此,我还是把能答的、脑中浮现的内容如实说了,息事宁人,有惊无险。

做报告或开会,只要发言,都是"沟通行为",不是单方面的"发表言论"。并且,这种场合下遭遇到的提问,通常会超出你的预估范围。你不可能知道"完美答案"是什么。

所以,在现场拼命开动脑筋后,不要犹豫,直接说出脑子里蹦出的第一个想法,激活"从脑到嘴"这条连接回路。

这很难,我明白。我年轻时,总想给出"正确答案",脑子里有想法,可就是说不出口。

该怎么做呢?习惯成自然。总之,一次又一次提醒自己"脑子里怎么想的就怎么说"就好,先从这件事做起吧。

心理学上管这个叫"细分目标"。不要一下子设一个高门槛(给正确答案),而是从能够细分的小目标做起(怎么想的就怎么说),这样做,更容易出成果。

另外，要铭记，这种情况下，就算谨慎应对，也有可能毫无建树。

人肯定有说话前后矛盾的时候。说就说了。就说一次话，那不叫"沟通"。

"这人或许连专业术语都没搞懂"，脑子里是这么想的，就针对专业术语进行说明；若对方扔过来一句"这些我明白"，就转而阐述内容中的逻辑部分；如果还不对，就回到双方最初共同认可的目的和目标上，开诚布公地谈。

这样的"沟通"，一样要从说出脑中所想的开始做起。

 小提示

答不出问题，会谈就会停止。因此，首先，请记住，脑中浮现出什么，就说出来。其次，通过细分目标来加深对话，最终一定会有所收获。

图4

较之标准答案
试着回答自己思考出的答案吧!

你们对10亿日元
没有概念是吧？10亿
日元能买多少东西,
你们倒是说说看啊!

两室一厅的房子
大概能买20套吧

沉默会引发焦虑，随便什么，说一句就好

"想到什么就说什么呗!"话虽然听进去了,可脑子里一片空白没什么想法时,又该怎么办呢?

不管是嘴笨的还是正看此书的您,可能都想知道答案。

请放心。对付这个问题,依然有诀窍。

方法很简单——**随便什么，说一句就好。**

做报告,开会,现场气氛都紧张。一旦落入"沉默的陷阱",先不谈发言内容如何,光是出声说话,都会成为一道超高门槛。您说是不是?

年轻时,我对这点感触颇深。

恐惧、害羞、犹豫。说这种话,对方会不会觉得我冒傻气? 这么回答离正确答案远得很,对方想要的回答是哪一种呢? 脑子里反复琢磨这些,什么也说不出口。

比起担心发言内容等层面,我真实感受到喉咙深处像被什么堵住似的,发声通道不顺畅,有种声音发不出来的感觉。

在这种情况下,内容是其次,请把注意力集中在如何发声上。

"是啊"也好**"我明白了"**也罢,说什么都行。

这跟运动员需要做热身运动是一个道理。突然动起来,运动效果不会好。同样地,想突然发声,喉咙里也会有阻碍。

2004 年戛纳国际广告节(现已更名为"戛纳国际创意节")评审会上,我切实感受到年轻时遭遇过的"发不出声音的紧张感"。

来自世界各地的 22 名高手共同发声探讨。无论是发言技巧还是个人成就,聚集在这里的人在本国的名望应该都大大超过我这笨嘴男,可还是有四五个人在讨论中一言未发。

英语能力固然是影响因素之一,但比起这个,我认为,高手也会落入"沉默的陷阱"。我自己本来打算"用英语归纳总结,说出观点",可就是发不出声来。

有条日本电视广告,我很想推荐它,却苦于该片被置于风口浪尖遭人评判时该如何发言支持。已到这个地步,仍无法发言(以英语发声)的我,切实认识到"发声练习"的必要性。

"为(用英语)练习发声",虽然诸如**"我也赞成这点""我觉得很不错""这真的很有趣"**等发言没多大用处,我还是不断重复着这些基本不影响他人讨论的话语。

从结果上看,这方法奏效了。讨论到我想支持的那条日本广告时,我做出的发言赢得多数人的赞同,效果显著。坐在我旁边的德国人对我说:"你一直没怎么开口说话,但刚才的发言令人印象深刻。"

评审会上,有些人话痨,会车轱辘话来回说。100多部作品等着被评判,稍有松懈,就插不上话,讨论很快结束,大家进入举手表决环节。

在这过程中,我好歹能做出有影响力的发言,是因为说话前做足了"发声练习"。

各位自己做报告或主持公司内部会议时也是一样,不管现场气氛多紧张，"先出声说话""持续说话不要停"都是很有用的应对方法。

　　为避免落入"沉默的陷阱"，从明天的会议开始，试着发声说话吧。

避免落入沉默的陷阱

| 每沉默一秒，就会越来越觉得走投无路。 | 什么话都行，先开口说，再往下延伸。 |

用心体察对方的
真实需求

有时,提问者最先出口的话会占据你整个大脑。例如,"这个提案会不会太突兀?"若对方上来就表达这类意思,你就会被这个言论击倒。

脑子里一直盘旋着"突兀、突兀、突兀",光想着如何说服对方这个提案不突兀,后面对方又说了什么,完全没听进去。

例如,"稍微突兀点也没关系,但这样会不会妨碍别人理解新功能?"对方分明已转移了关注点,你却没听见,脑子里塞满"否认提案突兀"的念头。就算对方的讨论重点在"新功能"上,你的跟进却驴唇不对马嘴。

嘴笨的人固然如此,放眼望去,做报告或开会时也常有人这样应对。认真倾听他人发言,这很重要。

另外，人类接收的信息中，语言信息占比不过7%（听觉信息占比38%，视觉信息占比55%），心理学家阿尔伯特·梅拉比安的研究结论很有名。偶尔，也要把自己当成夏洛克·福尔摩斯，不要漏掉对方的语调变化和表情，努力体察对方的真实需求。

最重要的是听取对方的发言，解读对方的意图，而不是自说自话。把你不擅长的"开口说话"先放一边，集中精力听别人说。

"对方说什么都接受""只听对方的字面意思""上司或客户交代什么就做什么"，多数情况下，这些都算不上好的应对方式。

接受提案的一方也不易，他们不可能对所有信息瞬间下判断并做出决定，然后一件一件和你讲清楚。就算他们想要努力和你说清自己的感受，也表达不好。所谓"词不达意"，这种情况并不少见。

从这个层面上讲，对方需要的是你的体谅。

"这篇文章太长了。这样吧，分成三段来写，怎么样？"
"好的，我分。"这回答不对。

此话的真实意图为"给我搞成一眼就能看明白的"。

"您说得对,那我把它分成三四段,再加上编号和小标题",这才是正确答案。

"我不太想用'华丽'这种字眼。"

"好,那换掉它,改成'奢华'。"这也不对。

根据话里的意思来推测,此人想表达的意思是"不想单纯强调豪华的外在,而要深入呈现细节部分"。

正确答案是"明白了,我会找一些关键字,去呈现豪华之外的价值"。

"这里的文字是绿色的,这样好看吗? 不如换成红色或其他什么颜色?"

"好的,那我改成红色。"亦是错误应对。

此话的真实意图为"希望文字看起来更显眼",而不在"改成红色"上。

针对这个,正确答案是"您希望文字看起来更明显,对吗? 那我多研究几个颜色,把红色、橙色、黄色等都试一下。另外,我会重新调整文字大小和整体设计,让字看起来更显眼。"

做报告或开会时,如果在沟通中会错对方的意,不仅工作流程难以向前推进,下次提出修正案时,也很容易遭到对方的训斥:"你这不就是照着我的话改改而已吗!"

这句话包含的"真实意图"是什么? 这个人究竟想表达什么? 部长他到底希望我怎么做? 集中精神观察对方的反应,脑子里要不断思考。

都照做了,还是无法读懂对方的想法时,就主动发问,套出对方的真心话吧。第3章第6讲"探询真意"法中,我会详解做法。重复提问,提那种"能引出对方真心话"的问题,找出彼此之间真对真的部分吧。

"我该怎么回答才好呢?"是次要问题,读懂对方的真实意图,抓住对方的真心话,这才是第一要务。好的沟通,都是从这里开始的。

 小提示

不要一股脑儿式地接受对方的字面意思,应该继续拓展沟通边界。当然,180度大转弯式的回答也要避免。集中精神观察对方的反应,用心提出具有额外价值的提案。

解读对方发言中的真实意图

6 与其自己说，不如让对方来说

面对尖锐问题固然痛苦，报告结束或发言结束后没人给反应，也常让人感到不安。他们不点头附和，不给"哦哦"之类的敬佩神情，但也没有明确的拒绝态度。

一整场报告做完，结束发言后，发言人有时会期待听众给予某种反馈，但等来的不是意料中的反应，而是一种说不清、道不明、气氛微妙的几分钟。年轻时，我特别不擅长应对这种不知该如何形容的气氛，感觉如坐针毡。为摆脱这种心情，我硬是勉强自己重复说些拙劣的话题。

今时今日，已脱胎换骨的我会怎么应对相同的情况呢？如果对方不开口，我会主动提问。

正因不善言辞，比起勉强找话说，倒不如让对方多说话。出于这个目的，我才主动提问题，没想到效果非常好。

做完报告后，尽量面带微笑，通过以下问题敦促听众给反应。

"大家觉得我讲得怎么样？"
"有没有比较在意的部分？"
"多小的问题都行，有的话，请提。"
"感想或评价都行，欢迎告诉我。"

诸如此类。不管什么类型的报告，都不可能有人在听过之后告诉你"我一点感想都没有"。就算你的报告没给人留下好印象，听众脑子里也应该存有一些想法，譬如"感觉你讲得比较散""内容架构我听明白了，但提案本身没什么新意""矬子里拔将军的话，前半段市场环境分析做得还不错"。

你可以这样认为：这些听众，要么没什么能说出口的强烈印象，要么还没组织好语言来告诉你。

听众从来都不会有"一句感想都不愿给你"的念头，只是在犹豫要不要说出口。一群人里，做第一个开口发言的人，还是需要些勇气的。

正因如此，就由己方先投"球"并开始投球接球吧。不管反应多小，有反应都比没反应强。

投球接球时，关于那个"球"，一味要求对方"快来问问题！"不如多加一句**"感想或评价都可以"。这样讲，对方开口说话的概率绝对高很多。**

我们换个角度，站在听报告或听演讲的人的立场上考虑，很多时候，你也不会有特别想问的问题，对吧？但说到感想，不会有人说出"哎呀，我就是什么想法都没有啊"这种话。

话虽如此，只谈"感想"，似乎又太随便，不像工作场合应该说的话，所以不好说出口。另外，的确有些时候，你只能听到"很有趣""感觉还不错"这类无法用来投球接球的反馈。

这时，带上"评价"一词来沟通，对方较容易以工作角度阐述想法，对模糊的感想加以整理，并说出口。这样做，应该可以顺利地和对方投球接球。

一旦开始互相扔球，之后的对话就会朝各式各样的方向发展。如果对方说"我不太懂"，试着把内容精练成三个重点，再强调一遍；如果对方说"提案没什么新意"，就追问对方"是哪部分让您觉得太陈旧"，如此这般，下次做提案时，你就能做得更好。

他人结束发言后
立刻接话为宜

当我还是笨嘴男时,有件事我总是想做却做不到,试过无数次却一直无法改善,我很苦恼。这件事就是"在会议上如何找机会发言"。

这件事的**本质**,是**"如何把握发言时机"**。

只有注意力高度集中,才能轻易做成这件事。或许,这跟在没有红绿灯的大马路上穿梭于车流间一样,你必须密切注意车辆的动向,适时"切入"。不过,这极难做到。

为让不擅长在会议上发言的人学会如何"切入",下面,我介绍两种方法。

 瞄准别人发言结束的一瞬间

2 附和对方的意见，并加上自己的想法

先从第一个方法开始详细说明。

你正在琢磨"就说这个了"，A 说了他的想法，B 紧随其后反驳了 A 的意见，C 又阐述了自己的想法，话题瞬间转了八道弯。"咦？刚才一直拼命思考的问题，到底在哪个节点说出来比较好啊！"这种情况，应该经常发生吧。

面对这种情况，**最佳的发言时机就是别人发言结束那一瞬间**，也就是某句话（某个段落）结束的时刻。一旦发言有断当儿，很可能会被他人抢先。你要认真听当下说话人的语句，在他说完那一瞬间切入。

还不熟练时，可能会在人家的话要完不完时就开了口，那也没关系。但如果抢话抢得太过火，可能会遭人嫌弃，因此，习惯开口后，要在适度范围内接话。就算没接好，也比干听别人接话要强。

第二个方法又如何呢？

自己想说的话被人抢先说了，这时，就用第二种技巧吧。附和对方，并加入自己的意见。

"您这发言，我赞同，请允许我补充两点理由。""在这个问题上进一步讨论研究一下，各位觉得怎么样？"跟随讨

论的方向，**加入自己的意见，瞅准时机，把观点融合成为自己的。**

同样一种情况下，不少人会张口说"我想说的话，已经有人说过了"。这类发言毫无意义，提都不要提。因为这种话对于推动话题毫无帮助。

做演讲而已,又不会死人,把它当成"与听众之间的对话"

腿发软,嘴张不开,手抖,声音干涩。

笨嘴男如我,为什么会感受到如此大的压力呢?

稍带点粗犷江户腔的话,我想对当时的自己说,"拜托,说个话又不会死人"。就算做报告或表达略有不尽如人意的地方,终究死不了人,也不会被炒鱿鱼或突然降职。下次改进就行了。

我认为,**做报告、发表观点和做演讲都是"与听众之间的对话"**。别把这些看作说话者单方面的发表意见,把它们看成"我先起头说个 30 分钟的对话",过程会顺利得多。

不光是面向客户做报告，即使只是部门内部会议，也有不少人发言时目光盯着手上的资料。若是用到了投影，他们就只盯着投影幕布说话。

这就算不上有对话性质的报告或发表演说了。说话人和听众的立场泾渭分明，比起寻求共鸣，听众会时时进入吹毛求疵的状态，这绝非好事。

提前把企划书发放给出席者，自己也边看企划书边发言，这种时刻提醒自己只把五成注意力放在企划书上。你应该常常抬眼，看看听众都有什么反应，尤其要注意掌握决策权的人表现出什么动向。

"做报告就是与人对话"，因此，就算对方没有出声，也**要从对方的行为举止中读出他的"呼声"，尽可能用心对待**。

至少，在进入下一页话题时，你要说句"请翻到下一页"。若有人不知道你正在说哪页，就告诉对方"我正在说某某页"。若企划书未标记页数，你就念出标题，时不时用"请看这一页"来引导对方关注该页内容。

你打算推进到下一页，可决策者还在关注这页内容，就等他一下吧。如果等太久，你就主动询问"您是不是对什么地方有疑问"，探听出对方的意思，突然聊起来也没关系，借此可以建立良好的对话氛围。

放出投影发表自己的观点时,不要去看幕布。为确认放出的东西是否正确,的确可以看那么两三次,但也仅限于此。

自己到底讲到哪儿了,看手边的电脑屏幕就好。其余时间,请把目光投向所有在场人员,关注他们的肢体语言、面部表情和视线轨迹。

还有,不要想着"我在做报告""我在做演讲",就当成一般对话来看待,来发言。

这样一来,你身上的压力就会大幅降低,听者也会觉得氛围轻松。

"拜托,说不好又不会死人。"

做报告或发表观点前,就这样告诉自己吧。要是自己都觉得"死呀活呀的,太夸张啦",那就没问题了。

第3章

只要记住招式就能轻松开口

人前说话不怯场
的十大技巧

与在红白喜事上发言不同，工作上单方面发言的情况很少，听众时常做出反应，怎么讲也没有一定之规。要点是，不要让对方产生敌意。无论遇到什么情况，都要以不变应万变。本章将集中介绍十大应对技巧。

"不死三振"法

有人略带高压态度朝你扔来尖锐问题。问题出乎你的意料。与其说是提问,那更加接近于质问,甚至是斥责。在你做报告或发表意见时,客户或上司表现出严苛反应时,被我称作"不死三振"的技巧可以帮助你。

放在棒球里说,就是"挥棒"的概念。不要放弃挥棒。把现状看作已有两个好球。这种情况下,不管对方的发言多么像"坏球",不挥棒光看着,可能好球也会被你打成坏球,最后被三振出局。既然如此,管它三七二十一,先挥棒再说,吃不了亏。

这技巧套用在做报告上,就是**自己主动开口,努力寻找之后的沟通头绪**。

面对毫无准备的提问和质问,再怎么挥棒也可能打不着球。你的回答和对方的意图有落差,等于往错误的方向挥,球棒根本碰不到球。不过,即便如此,比起不挥棒,挥棒击球要好些,至少有可能打出不死三振,一垒安全上垒。

面对难以读懂意图的"恶质"提问和搞错报告重点的"恶意"评论,内心胆怯一言不发,就是"不挥棒";不管怎样首先面对提问做出回答,就是"挥棒"。

"您说的,是这件事吗?""的确,可能是不太有趣,但我觉得这次的企划没有必要做得太花哨。"随便说些什么,对方就会给反馈。最初或许话不投机,但你来我往之间,双方就会明白"啊,原来这里才是问题所在呀"。

就算最初的发言没有射中靶心挥棒落了空,也有机会一鼓作气一垒就上垒。

那么,面对各种问题和要求,打算试着回应的话,怎么做才好呢?

首先,**不管对方说什么,都要先"接受"**。姑且肯定和接纳说话人的意思,不能让对方的话语在半空中飘着。不上不下没有落脚点的发言会对整场报告和讨论现场造成不良影响。

"不死三振",诚如其名,挥棒也打不着球的概率还挺高的。落空的可能性也有。即便如此,还是要勇往直前地挥棒,寻找上垒的时机。

明明花时间准备了,现场表现却不尽如人意——刚进公司时,我也这样。

报告和发表意见之成败,一半取决于发言者在现场的表现。准备得再用心,面对现场突发事件时不能"拼命应对"或"脑力全开",还是不会有好结果。

做报告或发表意见时,"只要开始说,已经是在论成败了!"自己对自己如此喊话,效果刚刚好。准备好的资料不过是一份材料,现场热络地与听众你来我往地互动,才会对结果产生巨大影响。如若不然,岂不是光递份资料就能敲定一个提案?

身在现场,你必须百分百地投入,去弄清对方的感受如何,对方喜欢你讲的哪些内容、对你讲的哪些内容不满。对待意料之外的提问也一样,你必须先出声回应,再探明对方的真实想法。

如此这般,某天,你会突然顿悟到"现场发挥比事先准备更重要"这个道理。

在现场努力表现!到了现场再拼命。也就是"意外不仅仅发生在准备阶段,也会出现在活动现场"。

"微笑回应"法

　　做报告或发表意见时,面部表情也不容忽视。一般说来,应保持微笑,笑到脸颊有点痛的程度。

　　你脸色阴沉,对方脸色也不会好看。你态度生硬,对方也会剑拔弩张。你稍有敌意,对方就会受你影响,同样那么对你。

　　原本就有不少人在听报告或他人发言时对说话人抱有敌意。就算不到有敌意那种程度,态度也是"严肃观望"或"想挑毛病"。

　　若面对的是客户,己方试图推销商品、服务或企划案时,客户会保持某种警戒心理,诸如"不能听信好话""不要轻易被骗"。

　　在公司内部发表意见时,部长和课长会带着"教育下属"的想法,依旧"严肃表情"。在发言者看来,这就是一种带有敌意的表现。

作为发言者，你很容易遭受这种攻击，从而眉头一皱，脸上写满"这可真要命""果然问了刁钻的问题""这怎么可能！你有没有好好听我讲啊"等情绪。

口才拙劣如我，也曾那样想过。越觉得自己不擅长做报告、不擅长发表意见，想什么来什么，表情就越阴沉。

人的表情，不但会影响对方，也会影响自身情绪。脸上一旦挂上阴沉的表情，"这问题，提得真烦人啊"的厌恶心理也会高涨起来。

那该怎么做呢？简单点说，就是要微笑。**伸手不打笑脸人**。就算难以让对方表现出善意，至少可以打消对方那不必要的敌意，效果显著。

还有，你可以边微笑边把语气放得柔软些，同时，毫不留情地进行反击。坚持自己的主张，绝对不要退让。如果对方的提问不着边际，你可以边微笑边温和但态度坚定地指出他的不足。

以前就任的公司有位人称"一招低姿态进账20亿元"的销售人员。他凭借象征态度亲切的"低姿态"博得客户高层的欢心,拿下大笔订单,因此名声大噪。我年龄比他小,职位比他低,他依然能够微笑着走到我身边对我说:"这件事就拜托您啦!"旁人并不觉得他能力出众,但他以"微笑"为武器,晋升到了相当高的职位上。

有时,由于对方没仔细听或理解不到位,已经细致讲解过的东西又要再说一遍。虽然恼人,但你也不应该表现出"我刚刚已经说过了呀"的不耐烦的态度,不予理睬,或在"无法获得对方认同"的时候显露出沮丧的神情,而要时刻保持微笑,再次给对方阐述意见和主张的机会。

人会被表情和说话语气所影响。再说明白些,会被这些所欺骗。明明已接受对方的意见,却一脸阴沉,语气刻薄,仅仅表现出这些,就足以影响对方的心情。与此相反,用"微笑回应法"来待人,就算你的主张颇为强硬,对方反而会听取你的意见也说不定。

3 "想到什么就说什么"法

优等生身上经常会发生一个现象。他们会在潜意识里告诉自己要"准确"表达自己的想法，以至于错失良机，失去发言的机会。特别是在会议上，"打断"他人发言，这对自认为优秀的人来说，是一大难题。

脑子里盘旋着一万句话，但一句都没说出口，以结果而言，这相当于"什么也没想"。

所以，应采取"想到什么就说什么"法。想在多人会议中加入讨论大军，这招就能发挥威力。开始可能会觉得很难做到，但做就是了。习惯之后，你会发现，没你想象的那么难。

"大脑与嘴巴之间的神经通路被打通"——这种感觉吧。**想到了就说**。先从张嘴开始。

刚开口时，说什么都行，不用斟酌，说就是了，然后，慢慢填充内容。把脑子里只有自己懂的想法在会议这种公开场合中拿出来晾，从某种意义上说，就是自己逼迫自己拼命进行思考。

用英语发言时，技巧也是如此。脑子里码好长篇大论再张嘴说话，永远说不出什么来。想说"想要"，就先说"I want"；想到"饮料"，就接着说"something to drink"；觉得"冰饮料不错"，就补充"something cold"；琢磨"有啤酒就好了"，再补充一句"for example，beer……"。就这么说。

在会议上发言时，先出口的只是简单感想也不要紧，譬如"我觉得这想法不错"。不过，只说这个算不上有意义的发言，得往骨架上填肉才行。

必胜技巧有一个：说时一定带上"理由"。先说"我觉得这想法不错"，其后，要补充说明这句："这次的目标用户群体是年轻人，所以，我认为他们能接受这种想法。"方便的话，**给出深层次的说明**。例如，这样说："之所以认为年轻人能接受，我的理由如下……"

还有一个重点。**发言时，千万不要给自己找这样的借口："虽然我准备得不充分……"**

我听过的发言中,多数说话人都要来上这么一句。没人喜欢听这种话。这种说辞只会给人留下"哦,原来这人刚才在信口开河"的印象,所以,绝对不要说。

　　脑子里有想法,就明着讲,大脑和嘴巴之间有一条快速通道。"想到什么就说什么"这个技巧,请务必尝试一下。

 小提示

　　捋完脑子里的想法再张嘴发言,已经迟了。你可以边说边给骨架填肉。口才好的人都用这种方式来讲话。

图7

用英语的语感来补足发言

步骤1 想到了就说

我觉得这想法不错

我也这么认为

步骤2 说时一定要带上"理由"

这次的目标用户群体是年轻人，所以，我认为他们能接受这种想法

步骤3 给出更深层次的说明

之所以认为年轻人能接受，我的理由如下……

"感谢指正"法

有人提尖锐问题，就眉头紧锁，一脸不悦。更过分的是，对方其实还没系统性地表达意见，只不过铺垫性地说了一句"我觉得吧……"，就觉得对方要批评自己，精神上就紧绷起一根弦儿。

这个心情，我懂。年轻时，我也是这个状态。

端着架子，无论如何都要让自己的提案和主张成立，所以盛气凌人地说话，最先出口的，一定是以否定为前缀的"不对……"或"我觉得吧……"等语。但其实，**必须先出口的话，应该是"多谢您的提点"**等具有肯定性质的回应。

请设想一下你是那个提问者或给意见的人。有个地方你不太明白，刚问了一句，对方劈头盖脸就是一句"不对，不是这样的"，从根本上否定你的疑问，以此来回应你，你做何感想？换作是我，我会进一步从对方的话语里挑毛病。

不管你主张的是什么，别人都能从中挑出毛病。世界上不存在完美无缺的提案。所以，若我是提问者，说话者对我的态度是"不，不是这么回事""这个我刚才已经讲过了"，就算我先前只有一点点疑问，说着说着，话锋也很可能朝极力否定对方提案的方向滑去。

据说，心理学将"攻击他人的动机"分为四种，其中，"防御·回避"和"制裁·报复"指的就是这种情况。做报告时，观点和反馈之间的你来我往也是一样。如果对方从你的态度中感知到某种"攻击性"，对方就会"防御·回避"你的攻击，同时，试图"制裁·报复"你的攻击行动，很有可能反过来攻击你。

查理·布朗也说过："观察观察，你就会明白，你想揍别人时，别人也很想揍你。"

己方提案对方反馈——也就是大部分做报告或发表观点的情况下——不管收到什么样的批评，都要先感谢人家。事实上，对方特意开动脑筋给出评判或质疑，并出声告诉了你,已经是值得感谢的事了。

这么一想,对他人的质疑和反馈优先做出感谢,好像也不坏。不要害羞,大胆说句"多谢您的提点"吧。不愿意说得这么明确的话,也不用刻意,养成随口说"谢谢"的习惯就好。把未说出口的"您能提出质疑、给我反馈"当成已出口的"谢谢"之前缀,这就很自然了。

"总觉得,突然让我向对方道谢,我不太情愿",可能有人会这么想。我很理解这种心情。

这种情况下,只是微笑点头也不错。光是态度和举止流露出肯定氛围,就能大大降低对方进入无谓的"战斗模式"的可能性。

提醒自己尽量把想法说出口。很难做到这一点的话,就微笑着点头,有反馈声和质疑声时,先回以肯定的答复,为后面的沟通氛围营造良好的气氛。

这样做,一定会有好结果。务必要试试看。

 小提示

否定的态度会滋生出对立情绪,变成自己难为自己。给对方正面反馈,为接下来的对话塑造更加良好的氛围。

提案被否定时的应对方法

不想扭曲自己的想法，怎么办？

"一礼二肯定三主张"法

前一节提过,接到反馈或质疑时,要先谢谢人家,然后"点头附和",表示暂时接受对方的主张。借此调整好现场气氛后,再准备完整地、重新提出自己的观点。我把这个过程称为"一礼二肯定三主张"法。

向对方致谢后,要明确地点头附和,并出声说一句"原来如此"。这里依然会用到前面提到的**魔力语言——原来如此**。这是在向给出反馈和提出质疑的人表示自己与之有主观上的共鸣。

对待否定自己的反馈,做法相同。我担心按这个提案走会有什么什么样的风险——就算遭到否定,也要微笑面对,回应"原来如此"。

这四个字的意思是"我明白您的潜台词",表示"我理解你的所思所想"。对方说"我担心有风险",你回"原来如此",意思是你能够体察对方的心情。

说完后,你可以继续补充说明。比如"一开始,我们也考虑过这样做会不会有风险,但因为某某原因,我们认为风险并不会太大",又或者"确实,多少会有一点风险,但按照这样的方法,风险就可以减低;就算存在风险,我方的提案也非常具有可行性。"

总之,把氛围从"二肯定"推到"三主张"上。

这时,你的主张"应该"和你刚开始发言时的主张一致。经过深思熟虑的观点,就算多少有些小缺陷,依然是一份瑕不掩瑜的优秀提案。既然如此,报告结束或发言结束时给出质疑和反馈的人,也不会轻易改变自己的看法。

最近,不管政界还是商界,"态度坚定"都是获胜的关键。能够轻易更改的主张,不会得到他人的信赖和支持。正因为符合主流认知,"态度坚定"才有存在的价值。

做报告和发表观点时,秉持的是相同的道理。当然,我不是要你"固执己见",你可以真诚地回应对方的质疑和反馈,同时,让自己的主张从各个角度看起来都熠熠生辉。

　　质疑和反馈的重点,经常和己方想要强调的主旨有分歧。这时,也可以使用"一礼二肯定三主张"法。

　　做报告或发表意见时经常不知所措,前言不搭后语,或跟着对方观点走说了违背自己想法的观点时,你应该先"一礼二肯定",防止对方对你起敌意;再以给其他听众留下深刻印象为目标,重复强调己方意见中的重点。

 小提示

　　真诚回应对方提出的质疑或反馈,把想说的重点讲清楚。不要固执己见,但也不要轻易改变自己的观点。

想态度坚定、坚持主张，你需要……

1.对反馈和意志表示感谢

谢谢你

2.明确地点头附和

原来如此

3.阐述与之前观点相同的意见

您说得没错，
但是……

"探询真意"法

听报告或发表观点的人,不一定都具备良好的沟通能力。 注意到这一点了吗? 针对自己纠结的那部分内容能够**简明易懂且精准提问的听众多吗? 其实并不多。**

然而,说话人总会不自觉地高估对方。己方出提案或发表观点,对方判断好坏或做出评价,认为给评价、给反馈的一方高人一等,不会去想"对方的质疑方法是不是不太对劲"。事实或许正好相反。如果能够反向思考,就能打开局面。

部门内部进行沟通时,就算你面对的是上司或其他部门的课长或部长,也应该这样思考。从某种意义上讲,他们理应是沟通能力很强的人,但事实上,他们不见得都擅长沟通,之所以没有因此耽误工作,多数情况下,是下属早已体察出上司的意思。因此,许多高层人员并不擅长与下属或部门以外的人进行沟通,这种情况,不在少数。

不少人听过提案后都会说句"好像哪里不大对劲",对吧。你会很纳闷,"不大对劲是什么意思?"然而,你也只能努力探寻对方的真实意思,搞明白对方所谓的"不大对劲"到底指的是什么。

有时,对方会这样质疑:"能不能提一些更有冲击力的方案?"

这"更有冲击力",也是个谜一样的说法。什么样的方案才能让对方感受到有冲击力,也不好懂。这种情况下,唯有自己努把力,引导对方说出自己的真实意思了。

说是引导,怎么做才好呢?

努力琢磨对方的所思所想,去反问对方。问,是为了厘清对方提问背后的真实意愿。这样一来一回,你就能用最简单好懂的方式引导对方说出内心真正想问的问题。

那么,具体问些什么问题才好?我用问答方式进行说明,请大家想一想,以下答案,哪一个是正确的?

> **Q1** 能否请您尽量清楚明白地说明此评价的深意？
>
> **Q2** 哦，是不是要这个感觉？
>
> **Q3** 请详细说明一下所谓更有冲击力是什么意思。

如何？选出来了吗？正确答案是第二个。一和三都不对。

就因为找不到精准的表达方式来表达自己的想法，对方才说得含糊不清，你却非要逼人家"说清楚"，仿佛当着人家的面骂人家无能。

这时，你要协助对方，把那不清不楚的不满落到实处，询问对方"有冲击力，是指这样这样吗"或"您的主要意思，换句话说，就是这样这样，对吗"。就算很难立刻探出对方的真实想法，你这样去沟通，对方也会把想说的东西说出口的。

另外，缩小范围来提问，带引导性质地提问，都能奏效。

就算对方知道"这提案行不通",你反问"您想要什么样的提案",对方也不会给出特别清晰的画面。这时,你要努力缩小范围,弄清楚"不大对劲"到底是怎么不对劲了。

或许,有冲击力的提案是指花哨热闹的?要么是指一鸣惊人的?再不然,就是指让人心跳加快的意外效果?找出该努力的方向,这也是有效的方法。

总而言之,大部分情况下,内心抱持**"提问者并不擅长提问"**这样的想法,对说话人而言,是有利的。这样一来,即使对方问了蠢问题,你也好应对,若来的是简单易懂的问题,就更能轻松作答了。

"装傻充愣"法

前面介绍的各类方法，能够应对大部分提问或反馈。不过，也有人会说，"难道不应该正面回答问题吗"。

那些提问和反馈，通常和你做的报告、发表的主题没有直接联系。对方发言的主要目的，是阐述自己的立场和观点，多半不代表决策者的意思。又或是说，那些只为强调自己的存在感，即，为了发言而发言。

即便是这样，但当对方是客户公司的一员或客户公司其他部门位高权重的人，就不能完全忽视对方。但话又说回来，我方亦不愿意看到认真回答提问导致偏离报告主题或发言主题的情况发生。

面对这种情况，也只能"忽略它"。我称之为"装傻充愣"法。**巧妙地蒙混过关，不正面回答问题，把话题岔开，重复强调自己的主张。**

举个例子。某公司委托我做一个户外活动的策划案，我做出企划，并呈现给客户。客户公司另一个部门的 A 先生旁听我做的这场报告，提出这样的问题。

A 先生问："要是下雨，该怎么办？"

我答："我们会在附近准备一个室内场地，下雨的话，就在那里缩小规模，继续做活动。"

A 先生说："可我觉得，户外活动就该在户外进行啊。"

如此这般，其他部门的人持续发表自己的个人看法。

这种情况下，没法给回应。此人要么是单纯想发言，要么是从根本上就反对"在户外做活动"这件事。我可是接受客户委托，才给出提案做了个"户外活动企划"的。认真回应这种提问，没什么意义。

面对这种情况，你不能认真回答质疑。你要边微笑边忽略它，回一些别的话。

"是啊，户外活动魅力无穷呢！"

"就算转移到室内进行，我们也会尽力做好，不让室外活动的魅力打折扣。"

"这场活动的亮点是……"

以"不直接"回答的方式持续回应对方的质疑。

这会不会不尊重对方？不会。在我看来，对方的（质疑）动机和立场本来就不名正言顺，且他又不能影响企划案到底通不通过，所以，说白了，这里你最好巧妙地"不拿他当回事"。

别看我现在说得头头是道，坦白讲，我也是把这法子用熟了才敢这么卖弄。这"装傻充愣"法，请各位一定要铭记在心。

"先给数字"法

很多事，一旦从形式入手，就特别轻松。

例如，俳句或川柳等都是固定的五七五格式，或许有人觉得这很呆板，可正因为它遵循固定格式，内容才富有深意。有人跟我说，你自由发挥吧，我反倒什么也写不出，遵循五七五格式，我就能创意无限——我的一位痴迷川柳的朋友如是说。

在会议上发言时也是如此。我给大家推荐一个方法，看起来困难，其实做起来很轻松。从年轻时，我就一次又一次地出席数也数不清的会议，言不由衷地发表讲话，克服许多障碍，渐渐地，我总结出这个"先给数字"法。

多人发言的会议上，每个人的发言时间都不能过长。你慢慢琢磨，话题却飞速推进，你就会错过发言机会。另外,做完报告或发言完毕后回答问题时,也需要快速思考,快速回答。

时间短,思考速度快;时间短,发言要精练。想做到这一点,必杀技就是"先说数字"法,比如,"三个重点"。

开会时,若觉得谁说得挺好,可以开口说:"刚才的发言,我觉得不错,是个好提案。之所以这么说,理由有三。"**这"理由有三",就是"先给数字"法的精髓。**

"第一,提案切合需求;第二,提案以具体数字呈现预估效果;第三,……"

如何?可能有人会想:我先说了"理由有三",又想不出第三个理由,这该怎么办?

那就试试看吧。我举几个例子,就当理由有三,请想一想,哪个才是正确答案。

① 最重要的是,这提案,听得我也想参与进去了

② 就算现场状况是那样,这提案也能实施,确实是个好提案

3 听了提案内容，能够感受到提案者本身充满干劲

哪个是正确答案？其实三个答案都对。因为理由这种东西全凭你说，你说是就是。

边说话边把脑子里的想法都倒出来，同时，继续想下一个理由。实在想不出来的话，直白地讲讲自己的感想就够了。

当然，一开始脑子里有三个关键点的话，就完全不用担心。因此，听人发言时要思考，觉得发言好，好在哪儿？觉得说法有问题，问题出在哪儿？写出关键字或词语就好，最好再标上序号。

回答问题时，要领也是一样。部长针对商品开发提案提问："你把新产品的目标群体定位在十几岁的女性身上，这我明白，可为什么不把十几岁的男性也算进去呢？"如果你事先准备过该怎么回答，自然没问题，可万一这是个意料之外的提问，就不好办了。

"都是十几岁,目标群体圈定女性而非男性的理由有三……"

(边说边拼命琢磨理由)

"第一,因为在当下这个时代,女性对资讯更新更敏感,更容易关注新产品。"

(继续努力琢磨)

"第二,公司给人的整体感觉就带有女性特质,因此,我觉得女性客户群体更容易接受咱们推出的新产品。"

(哎,好痛苦,还差一个,唔——)

"第三,是我自己的经验之谈,我觉得年轻男孩子只会盯着年轻女孩子看。也就是说,女孩子肯买账的话,将来也可以把男性客户群的需求提上日程,出一个男士版。"

如此这般,就能杀出一条路。比起笼统地张口发言,先给出数字,再针对数字绞尽脑汁,引导听者的情绪,最后一定会顺利解决。

对了,如果公司给人的整体感觉是带有男性特质,你可以说"提案这么做,是想挑战一下存在感弱的女性特质,所以锁定女性群体"。

瞧!正话、反话都行得通。

当然,数字是二或四都可以,不过,就我的经验来说,三似乎最稳。

可以这么说:从"视角丰富""多角度考证"的意义上讲,很多人觉得两个理由太少,四个理由又记不住或完全不能理解。

9 "有困难就回到原点"法

把前面介绍的各种方法都用了个遍，还是无法突破现状，该怎么办？无论怎么应答，对方还是穷追不舍，又该怎么办？

劳心劳力毫无结果时，我常使出这招祖传秘技。现在悄悄传授给你。这招秘技就是"有困难就回到原点"法。

拼命开动脑筋，使出各种技巧，仍无法打开局面。**实在词穷时，就可以说"本来呢⋯⋯"，扯回最初的话题。**话题的重点，尽可能"回溯"到"源头"。

"这个企划案，不觉得太朴实了吗？"

"的确，如果一定要给出一个评价的话，确实是朴实了些。但当初我们就是考虑到目标群体已经对华丽的东西审美疲劳,才提出这样的企划案的呀。"

"为什么目标用户锁定在审美疲劳的人身上呢?"

"因为**一开始**我们听到的方针就是'希望瞄准四十多岁的单身女性'来做。我想,这是因为贵公司的销售额构成中,该客户群的存在感较弱。"

这样回溯,发问的人自然明白你的提案主旨和提案的价值。接下来,你们会继续探讨"设定这类目标用户,真的合适吗"等问题,如果对方接受你"最初如何如何"的说辞,就会顺势接受提案;若对方不接受,就得纠正"最初"那一套,方便下次提案时做出修改。

偶尔会发生两方对"最初"那部分意见不统一的情况。这时,即使说服对方接受提案、接受那部分细节,也不会成功。

通过无数次回溯,能够确认话题从哪里开始扭曲,进行到哪里才可以,也能够牢牢把握住从哪儿开始对提案进行重新考量。

回到"最初"的好处有以下几点。

- 能够以逻辑说服遭人否定的、涉及细节的讨论，那些人只凭个人喜好和主观感觉给评价
- 有逻辑的发言，可以帮助你再次阐明己方的主旨
- 就算这次提案的细节遭到否定，也能够为下次提案指明方向
- 探讨逐渐加深，容易让对方满足，也容易获得好评价

词穷或无法突破现状时，多聊聊"最初"的内容吧。追溯本源这个方法，真的挺管用的。

"坦诚道歉"法

遭遇认真提出的尖锐批评或戳中痛处的提问时,如何应对才是正确的? 不要紧张,也不要找拙劣的借口,你可以用"坦诚道歉"法来化解。

该认怂时,就果断认怂。比起找奇怪的理由开脱或死不承认,绝对更容易解决问题。

不管是怎样的提案,都必然会有好或不好的一面,积极或消极的一面。任何提案,都有瑕疵。

打破常识、令人惊艳的提案蕴含着高风险,反之,极力排除风险的提案就没有冲击力,缺少亮点。内容尖锐、刺痛年轻人的企划,中年人看了或许并不感冒;获一线城市青睐的东西,在小地方或许都没人要。

若对方性格有些刻薄,不管你给出什么样的提案,他都能从里边挑出毛病。

所以，一定要采用"坦诚道歉"法。对方提出有理有据的负面评价时，千万不要发火，不要惹怒对方。在心里默默哼唱"唱出一段旋律，坦诚道歉"来面对吧（年轻人可能不知道这首歌）。

以印象深刻、打破常规为目标做企划，被问"会不会有风险"时，要坦率承认有（不要给人摆架子的感觉，要稍微有点我很抱歉的态度来承认），并强调"会尽力实施风险防控措施""风险多少会有些，但企划值得做"。

为此，**必须尽可能事先找出并把握住企划的优缺点。**如果整个团队都参与了企划案，找未接触企划内容的、持中立立场的人来做练习，请他刻意挑毛病，强化自己同时把控企划案优缺点的能力。

事先做好心理准备后被人指出缺陷，和大吃一惊的情况下被人批评，人的反应速度截然不同。从这一点上看，优缺点都看看，变换各种角度研究怎么做好企划、怎么掌握企划要点，才是上上策。

有时，努力过了还是意识不到企划的不足而被人指出问题。比如，虽然全面考虑了消费者方面的情况，没想到质疑声针对的是物流方面。

在这种情况下，真的建议你"坦诚道歉"。你可以说"我明白了，可能真是那样。抱歉，我没有考虑到这一点"，直接表达歉意，再次强调提案的优点，并回复"您指出的这些问题，我会在下次会议上拿出解决方案"。

回到公司研究讨论后，若你觉得被指出的缺陷会造成重大影响，就应该考虑修正原提案。因为你的目标不是让提案通过，而是帮助对方策划出真正的好提案，做到双赢。

第 4 章

不再哭泣！不再怯场！

为使演讲成功，
理应做好的12件事

最后一章,我想说一个重要理念,那就是"不要让自己处于被动状态"。不安意味着你想再努力一些,紧张代表你不想犯错。能做的都做了,剩下的只有相信自己,享受商务对话的氛围。离脱离笨嘴男(女)只剩一步之遥了。

把对方的信息当
成强有力的武器

　　做报告或发表讲话,是一种沟通,一种你来我往。对方有反应,对话才能成立。所以,不管面对怎样的听众,你都不可能做出完美无缺的报告或发言。

　　不过,就算话题的核心意思不变,**面对不同客户使用不同的方案,改变说话方式和表现方式,也能做出有戏剧性效果的发言。**

　　依对象不同而调整沟通方式,最有用的辅助是什么呢? 是**对方的个人信息**。这是发言时影响对方情绪的强有力的武器。

　　然而,只要没提前收集,你就无法获取听众的个人信息。多数情况下,你只能在一无所知的情况下出场发言。不要漏掉这一点,你应该尽最大努力地收集对方的资料。

对方是理性派还是感性派？过去十年间都负责过哪些工作？家庭状况如何？哪个大学、什么专业毕业的？有没有什么代表性逸事？

我不是要你通过研究这些信息来改变提案内容，而是说，你可以参考这些东西调整自己的说明方法，话题的前后顺序或开场白，以及对话的处理方式。

发言时，面对理性派，尤其要注重逻辑上的前后一致；面对感性派，与其反复说理，不如准备一张能戳中对方心情的照片。这些小细节，意外地很管用。

给日本的通信企业代表做电视广告提案进行比稿时，情况便是如此。销售部门提供给我的信息是，对方公司的决策者是理工科博士，名片上也印着"工学博士"这一头衔。听了几件八卦，感觉对方是天才型人物。工作中时不时会遇上理科高才生，仿佛他们一定是注重逻辑的人，但其实，以感性去影响他们才是正确的策略。

面对这类人，过分强调"前后逻辑一致"，就会得到"提案无亮点"的评价。带着这种想法，我发言时极力强调提案的"感性"部分，比如"这样的广告会让观众情绪有起伏""这条广告会像那部电影一样，在观众心里留下深刻的印象""连我自己,都对成品充满期待"。最后,在众多强敌的虎视眈眈下,我所在的团队打了一个漂亮的胜仗。

　　给初次合作的客户做报告,应该在有限的时间内熟悉一下对方公司的产品结构。销售额和公司规模怎样?最近业绩如何?热销商品是什么类型?高层领导是什么样的人,说过什么样的话?过去执行过的企划效果都怎么样?等等。

　　了解清楚后,发言时,你就可以用"这个提案,就算按照贵公司的标准来解读,也是顺理成章的""这次提案与贵公司一直秉承的风格稍有出入,但正因如此,才有意义"等语,用对方更易听懂的方式来进行说明。

　　比如,读懂对方话里话外之意和语言中透露出来的各种细节,就能有效运用这些。

　　"贵社最近业绩高涨,我想趁此机会乘胜追击""我认为,五年前热卖的那件商品,和这件商品有共通之处",在做报告和回复质疑时,你也可以有效运用这些细节来填充"空隙"。

　　出场发言前,我一定会事先打听到出席人数和主要参会者的个人履历。就算面对 100 人发表讲话,我也会搞清楚他们的工作类型和年龄分布,从而调整发言中会穿插着讲的小段子。如果广告界人士比较多,我就会用上广告用语,如果这样的人很少,我就会给大家详细解释专有名词。

最后一个步骤,别忘记提醒自己,临上场前,有关听众的信息,能收集多少就收集多少吧。

用数字来表现不可或缺的资料

数字,有助于大大提升你的说服力。不一定非要精确到小数点后一位,笼统点也行。当然,能够脱口而出精确到小数点后一位的数字,会对关键时刻的发言产生很大的影响。

年轻时,我对数字很不在行,老是强调提案的由来和目的。不过,后来,在发言的关键点上,我改用具体数字来说话了。

例如,与其说"对全日本人而言",不如说**"对 1.3 亿日本国民而言"**。这样,不论说话人还是听者,脑中都容易留下印象。

与其说"我也考虑过提案对整个广告界的影响",不如说**"我也考虑过这项提案对年销售额6兆亿日元规模的广告界的影响"**,这样说,更容易增加现实感。

自己常提及的领域,就算数字比较笼统,也建议把它记住。甚至于,说到接近自己专业领域的部分和报告当天的关键内容时,若能带出精确到小数点后一位的数字,效果会特别好。以我研究领域的其中一个领域——国际广告奖为例:

> ×"全球最大的国际广告盛会——戛纳国际创意节上,汇集了来自世界各地的众多参赛作品"
>
> ○"全球最大的国际广告盛会——戛纳国际创意节上,仅2013年,就有来自92个国家的35 765件参赛作品"

像这样,用具体数字来呈现。通过列举数字,你能让听众更容易掌握你的内容,也能增加专业度,获得他人的信赖。

我最喜欢的作家村上春树,将"数字的威力"运用得超到位。比如，这句"我吃了面包、火腿和奶酪"，换村上先生来说的话，他会说"我吃了两片面包，上面大约涂了10毫克黄油，里面夹着两片火腿和一片奶酪"。

村上先生领取加泰罗尼亚国际奖时，在演讲中提到日本是地震大国，就利用了数字带来的效果。他说："日本境内有108座活火山，自然容易发生地震。日本列岛位于亚洲大陆的东方一隅，位于四大板块交界处，地理位置十分危险。"这样的发言，比"日本境内有很多活火山"或"几大板块"等说法更具说服力，更能给人以真实感。

不过，发言时一味提及精确数字，有时也会模糊发言的重点，听众很难听懂企划的意义，不明白用了这个企划的好处在哪儿、企划的目标是什么等问题。琐碎数字说太多，听者只会留下"这人净说些琐碎数字"的印象，对发言者来讲，也不是什么好事。

再看一次企划书，仔细斟酌斟酌数据和数字应如何巧妙地运用在发言中吧。

穿插数字的发言和数据、数字很少只有很多想法的发言，听众的反应也不同。以我的经验来说，光是表情上的不同已经一目了然了。

图10

同样一句话，怎么说才能增加说服力

小提示

　　光是加入数字，就能增强说服力和现实感，也能提高别人对你的信赖程度。

3 在准备阶段就尽全力思考

我在前面已经强调过，"练习做得差不多就行了""发言前不要花过多精力去准备，要重视临场发挥"。

这些话的含义是，发言既是"对话"又是"沟通"，它只会被听众的反应和现场气氛所影响。

把做准备视为固定流程，想在现场有完美表现，这种想法反而会给自己造成思想负担，还是不做为好。

但是，"尽全力思考"这种准备工作，只要时间允许，力所能及，就应该全力以赴地做好。

不擅长发言的人经常把提前做准备当成目标，正式上场时也照做不误；与之相对应的，我所说的准备，是指**面对任何质疑和反馈都能随机应变灵活应对**。

上场发言前，可以在有限的时间内再好好琢磨琢磨提案的方方面面。

"最初的目的是什么?"

"己方想要达成的目标是什么?"

"为什么那样做比较好?"

"没考虑过其他提案吗?"

"想出的其他方案和这个比,哪里不一样? 哪里更有优势?"

"为什么这个想法能打动目标客户群?"

"目标客户群的想法是什么? 他们喜欢什么?"

"有没有风险?"

"如何降低风险?"

"即便有风险,提案还是被采纳了,这代表什么?"

"公司内部或物流方面有没有提出批评?"

"该怎么做才能得到公司内部人员和物流方面的支持?"

当然,你不能考虑得面面俱到。时间也有限。即便如此,你也可以深度思考,用自己的方式梳理,直到厘清为止。

此时,最要紧的是**不要以"应该不会被揪住小辫子"的消极态度去思考对策。**

我明白,正式上场前,脑子里会不断涌现出不安情绪。

即便如此,也不要把焦点放在负面情绪上,要让自己雨过天晴,回归初心,彻底开动脑筋,直到想明白为止。

如此这般,你就会对开口发言产生自信。由于一直在思考,就算出现失误,也可以说句"失误在所难免",以正面积极的态度忽略那些影响。

有个方法,能让你专注于思考。我有时会去没人的公园里练习,唱独角戏,真的张嘴说,模仿做报告时的状态,努力想象听众会有什么样的反应,想象细节。

要是有人路过,看到这个光景,一定会觉得很怪异。冷静下来仔细想想,的确挺丢人的。不过,通过努力思考,企划提案最终在比稿中胜出、杯面广告不久后获得全日本CM放送联盟颁发的大奖,干的那点点儿丢人事,也就可以忽略不计了。

直到上场前还在绞尽脑汁反复琢磨,这个过程或许不为人知,但在必要时刻,这样的练习就能帮上你。不管对方朝你扔来多么尖锐的问题,你都能自行消化,不会语无伦次,而是做出像样的回答。

还有,最重要的是,尽全力思考,能让你在发言时更添自信,魅力加分!

努力习惯"不习惯的情况"

每周跟同一批同事开会、聚餐、打高尔夫球。如果你的职业生涯就是这个样子,那实在不好期待你在做报告或上台发言时能有多大进步。

每天过着烂熟于心的、一成不变的生活,你不可能在给新客户做报告时得心应手,不可能在鲜少参加的大型会议上顺利发言,不可能游刃有余地面对意料之外的质疑。随着年龄的增长,你应该重视这一点,有意识地努力突破。

"人应在非舒适区中磨炼自己"。日常生活中就要保持这种意识,把自己放在非舒适区里,让自己适应那些不习惯的场景。这样,你就能一点一点地、切切实实地提高做报告或上场发言时应对突发事件的能力。

试着出席没什么熟人的集体活动,参加本专业之外的研讨会或学术会议吧。的确,这样的活动使人疲惫,一直跟无须费心的朋友在一起才会觉得轻松自在。

即便如此,不去适应不习惯的场合,万一遇到点挫折,就不容易应对。发言时,不管情愿还是不情愿,都会遇到突发状况,它会同时打击你的身心健康,影响你的表现。

去从未去过的国外城市也一样,拿出"训练自己习惯陌生环境"的心态吧。努力查资料,让身心高速运转,克服生活上有些不便的那几天,这是非常好的训练过程。

资料查得再多,到了国外,还是会有不明白的地方。语言不通,文化不同,会遭遇一些小困难。瞬间做出判断,连细节都能成竹在胸并做出决定,这样的素质,跟在发言时面对听众的反应随机应变有相通之处。

就算不去国外,国内旅行用这一招,也很有效。就算不去旅行只是到陌生的餐厅吃饭,多少也能算作一种训练。上班时试着换条路走,去前一站或后一站,或稍微绕点远路走一条新路线,在换乘车站下车,自己找一找乐子。

所有非舒适区,都能训练我们上台发言的能力。

还有,阅读本专业以外的书籍也有帮助。看平时没接触过的类型的电影,去听同龄人不怎么会去听的音乐会,作为男生,让自己加入女孩子的聚会,坐在角落聆听。

主动接触各种陌生场景吧。

这就好比在做报告或上场发言前养精蓄锐。虽然有些麻烦,但应该有意识地、开开心心地挑战一下。

按顺序轮流发言时，我好紧张，怎么办？

试着遵循聚餐时的规矩来发言

终于，再过几分钟，报告会就要开始了。也就是说，接下来该自己上场了。哎，好紧张啊。心脏怦怦直跳，连自己都听见了。这个时刻，大脑已不受控制，感觉"脑子里一片空白"。

眼前发黑，模糊不清。万一讲得不成功怎么办？我能好好张嘴说话吗？对方公司的部长能认可这个企划吗？脑袋里可能塞满担忧。

这种情况下，该以什么样的心情上场呢？

如果您嗜酒，请想象一下如下场景。

大白天的，只能喝白开水，但可以假装一下，说服自己"仿佛在喝酒聚会"。

为让员工吐露平日里不好说出口的真心话，公司时常举办各种庆功宴。大家卸下职位和头衔,解开领带,放下立场,彼此说一说真心话。

把部门内部发言当成发表祝酒辞,说话态度维持在放松但不会显得没礼貌的程度上,柔和一点。给客户做报告时,努力想象自己正在给朋友们倒啤酒的场面。

通过唱卡拉 OK,我改变了自己害怕上台发言的心态。有一次,我无意间灵光一闪:这跟唱卡拉 OK 是一样的。

唱歌时,你不会害怕听众的目光和反应,你会边唱边在心里想"你们听我唱呀",不是吗? 当众发言时,你也可以抱"哎,大家在听吗? 听我说嘛,快听我说"的心态呀。这么一想,你就不会紧张了,也能够流畅地发言。

不擅长唱歌的人请想象"跟同事聚餐"的场景。"哎,你听我说啦"像跟关系要好的同事搭话一样,真诚地说出你的想法。

公司聚餐有公司聚餐时的规矩,请灵活运用这个"聚餐规则"。比如说,以下几点。

①尽量不要用生硬的语气问候他人,多营造开心的氛围

2 尽量说真心话,让对方感受到你做企划也是真诚的

3 试着说几个笑话

4 不要一味地喋喋不休,多听听对方的真心话

5 炒热气氛,这比什么都重要

气氛好,我就赢了！冷静下来仔细想想,其实并不是这么回事。但只要你这么想了,正式上场前就能放松下来,有种意想不到的效果。

确定自己的
立场和定位

从多种角度来衡量,任何一项提案都是有缺陷的。若对方针对此处提出尖锐的抨击,你根本不可能做出有效反击。一份企划书,从立场 A 来看是优点颇多的好提案;从立场 B 来看,很可能是一个缺点多、无法被采纳的提案。

试着琢磨一下这种提案:多少带点风险,但切入的角度很新颖。在 A 看来,你是想借着新挑战给目标客户群带去耳目一新的好体验,这个提案就会被采纳;可 B 觉得,效果之类差不多就行了,应尽量降低风险,这个提案就不会被采纳。

我曾在公开征集广告创意的比赛中做评委,也给推广某县的杂志广告公开征集活动做过评委。在这种赛事中评判各个广告创意做得好不好,原则有这么几点。

首先,如果真把这条广告刊登在杂志上,能收获多大的预期效果。

其次,若真做成广告,虽然有风险,但它蕴含的挑战精神是不是足够优秀。

最后,完成度虽然马马虎虎,但创意和切入方向是不是足够新颖。

或者,以上皆不是,而是新颖感多少有些欠缺但综合素质是不够出众。从这个角度来评判,也行。

当然,就算从全局视角来看,非常出色的提案和完全行不通的提案也是并存的。一旦开始琢磨哪个提案能得第一名,依据立场或观点的不同,答案也不一样,这是理所当然的。

另外,我曾见过日本数一数二的创意达人在现场激烈争论,他们的发言基本都在表达自身"立场"和"对事物的看法"。"广告应该充满愉悦""广告应该有美感""广告应该有新意",大部分人都是基于这些看法发表言论,交换意见。

做报告和上场发言时也一样。**讨论越深入,依据角度和立场的不同,最终判定结果就越容易变化。**如果面对质疑和反馈标准混乱,就会陷入进退两难的局面。

这里所说的角度和立场,换句话说,就是你能锁定的目标。"我是出于什么目的而想出这份企划案的?""我是以什么为重点开动脑筋累积起论述内容的?"把这些问题搞清楚,就不至于在现场手忙脚乱。

讨论得越来越深入,整个企划讨论进度却停滞时,不断阐明自己的观点,讲清自己基于何等立场做出了这份企划案,就可以了。

扭转单方面被观察的情势

做报告或上场发言的人经常处于被评价、被观察、被打量的一方,你是不是也这么想? 你一定认为:"那不是理所当然的吗。"

发言时,人为什么会紧张? 因为说话人是被评价、被观察、被打量的一方。

我抓耳挠腮想摆脱笨嘴男称号的那段日子里,有一次,不经意间观察到了客户那边听报告的人的模样。

一看就是领导者的人。即使一句话不说也很有压迫感的人,但兴许被其他工作折磨到了无精打采,分明不想参会却不得不出席会议、看起来情绪很糟。

一旦观察起对方,就能看到不同的景况,虽然这是句废话。看着看着,不知为何,我渐渐不紧张了,莫名平静

173

下来。

原来如此，我心想。我推翻了单方面被观察的立场，所以，我才平静下来。于是我决定，开口发言的同时，也主动观察观察对方。

就叫主（观察者）客（被观察者）体对调。只要对方是观察者，主体就是对方，主导权就在对方手上。在自己变成观察者的过程中，主体就会变成自己，现场主导权也随之转移。

这个方法非常有效。

在会议室的椅子上落座后，说话前或开口寒暄时，就要一直观察对方。

职位最高的，就是坐在正中间的部长吧。不过，这位部长应该比较尊重坐在一边的项目负责人的意见。从别的部门过来的、坐在另一边的那个人总带着一副"我得说点什么"的架势啊。就像这样，你可以自行观察和评价。

在搞清观察和推测出的东西是不是与事实一致之前，**你就能获得好处——通过观察和评价他人，内心平静下来。**当然，对方的权力和双方各自不同的立场对这场报告的成与不成都起到很大的作用，因此，发言时或应对质疑时，也要时时观察对方。不过，要记住，你是为了缓解自己的紧张感，才去观察他人的。

另外，你也可以自由想象一下对方的阅历和私生活是怎样的。这样，你的紧张感就会烟消云散。

这个人比较有野心啊；那边那位看起来像"妻管严"；这边这位看着像刚被领导骂了一顿，真不容易；坐在那边的女士，没想到说起话来挺有气势。

来回琢磨一些这样的事，做报告也能成为一种乐趣。

我在一家社长之位已传到第二代的公司主持的竞赛上连续5年比稿获得通过，做报告时，我的确很开心。这个活动每年都有，各公司竞相提出企划，在报告现场一竞高下。认真观察十来个参会者，很容易看出他们各自关心的都是什么。

大家都是自己公司里的高层人物，但立场各不相同。有人就是特别在意社长的想法；有人的想法很实际，会考虑企划案是否有助于提升销售额；也有刚跳槽过来试图说些不同的观点，干劲十足。

就算对方是听众，负责评价你，他也不是绝对的评价者。他如何评价你的报告，会不会采纳你的提案，指出过哪些不足，给出过哪些意见，这些方面，也会被他的领导和其他人所评判。

在你转换到他人立场上的过程中，被观察、被评价产生的紧张感就会失去存在的意义，你也会忽地一下静下心来。

放开点，意思讲够
八分就好

　　这个也讲，那个也说，絮絮叨叨反复给出一大堆资料和解释，可次次都被反驳，被尖锐地批评，或遭遇又多又杂的质疑。啊，满头大汗！

　　心跳加快，翻来覆去地看资料，情况一发不可收拾。

　　哎，如今想起，还是冷汗直冒。很久以前，我也陷入过这样的窘境。

　　为什么会在现场发言时陷入这种糟糕的局面呢？理由有一个，就是你想要百分百地道出自己的想法。

　　"咦？当然要全说清楚啊！"可能你会这样想。不过，这想法中有一个陷阱。

　　把自己的所思所想百分百地讲给人听，这本身就是无稽之谈。再怎么精巧地编排发言内容，对方都有可能漏听某些部分。对方有可能昨晚熬夜没睡好觉,也有可能一直惦记着其他事情,心神不宁;也可能因为手机屏幕亮起,对方在意来电而将视线转向手机,没听到你最想让他听的部分。

另外,也许对方不知道如何理解你的关键所在。于你而言,那也许是某种常识;于对方而言,或许是难以理解的概念。

请注意,**将自己的所思所想百分百说予他人知晓,近乎不可能,也没必要。**或者也可以说,"百分百说予他人知晓"和"被采纳""被认可"之间并无直接关联。

举个极端的例子。有人和你闲聊了几句就跟你说"我很欣赏你,这事就交给你办",固然好,既不用看企划书也不用听提案,直接跟你讲"就按你的思路去做吧",对你百分百地信任就太好了。

可生活又不是拍电影、电视剧,这种情节当然不可能发生。现实生活中常常发生的是,你写了企昔也做了汇报,而对方却说"你的说明我非常清楚,但我无法采纳",努力就全白费了。

那么,说到什么程度合适呢?

"意思传达出八成就足够"，这应该很妥当。抱着这种想法，讨论时就不会耗费过多的精力。

细节稍后补充就好。"我简直太满意了！一切都照你的这个企划做！"现实中不会出现这种台词。

在提案现场，你最想听的、合乎现实的台词，是"大体上先这样，麻烦你们了。细节部分回头再补充吧"。若是发表意见，则是"整体说来，讲得不错"。

所以，放开点，说八成内容就够了。回头想想，自打我这么做开始，我就无往不利了。我从竞争对手那里抢下好几个资源，起用无人不知的五人偶像组合给大型通信公司拍电视广告，让顶级演员型男 T 常年出演信用卡公司的广告，让实力派歌手出演果汁广告等。

"想强调的只有这里"，"希望您能明白这一点"，把重点放在核心部分吧。为使对方明白"这个重点"，你必须举出具体事例，详细说明。保持这样的想法，你的发言就会走向正确的方向。

找出点头附和的
朋友

　　发言时，各位的眼睛会往哪边看？视线紧盯投影仪打出的画面是最糟糕的做法，也不推荐你低头看手边的资料。但话又说回来了，若你视线四处乱飘，不但很难专注于讲话，听众也会坐立不安。

　　不管做报告还是上台讲话，说话人和听众之间都在交流，都是在对话。如此说来，做这些事，就是和"某个特定的人"说话的理想过程。有 10 个人听，就是跟 10 个人对话；有 30 个人听，就是和 30 个人对话。

　　10 个人里，大概率会有一个人反馈特别强烈，经常会点头附和你。我称其为"点头附和的朋友"。张嘴发言时，我会立刻在现场寻找这样的朋友。

　　哦，有了有了，在那边——大部分情况下都能找到。

你可以把脸转向他,待他像朋友一样。不管是男是女,只要他用力朝你点头,你也点头致意,也可以带着谢意露出微笑。

找到这样一个人并转向他说话,好处有二。

其一,听者会觉得,你是在跟他说话。不管是做报告还是上台发言,他们都更容易沉浸在你讲的内容里,更容易听懂、更容易理解、更容易有共鸣。

其二,说话人说得更轻松。比起无意识、无差别地对着一屋子人说话,这个方式更有新意。另外,得到肯定(点头附和)的话,说话人也会更起劲。你会觉得"我说的东西很有意义",自信心大涨。

点头附和的人里,有人的反应会吓你一跳。他们会用力点头,神情浮夸,表现出叹服的一面。这类人,我称其为"会超级附和的朋友"。

现场只要出现这类人,我也会说得更起劲。说话(点头)、往前推进(叹服)、稍微有点惊讶(大笑)、认真探讨(理解的神情)……我的情绪也会逐渐高涨。这样的人,只要有一个,你的发言就会成功,成功到自己都感到惊讶。

无关年龄和性别,乍见有些吓人的大叔(真没礼貌!)

实际上超能点头附和,这种例子,不在少数。

那么,这类人会坐在什么位置呢?

基本上,我都是**在会场中心区域找**。如果只能选一个区域,中心区域是最佳选择,因为它能够影响整个会场。

以前上过英语演讲的培训课,老师说,要对着最后一排的人说话,因为最后一排的人最容易跟现场气氛脱节。关注这部分听众,可以凝聚整个会场的氛围。

在千人会场中,你可以把会场划分为几个区域,分区寻找会点头附和你的人。听说演艺圈里就是这么教的。这样一来,不管坐在哪个位置,听众都会觉得说话人"是在朝自己说话"。

在容纳百人的教室里给学生上课时,我就会灵活运用这个方法,分区域轮流照顾到。

可以说,找出会点头附和的人,是做报告或上台发言时必须遵守的铁律。

留意对方的节奏

你觉得，报告现场或演讲会场中的主角是谁？

是张口说话的你？

还是听你说话的听众？

答案是，两方皆是。当然，发言者是你，你当然算主角，但你发言是为了"让对方听""为对方而讲"，听众同样是不可或缺的主角。

所以，留意听众的节奏，敏锐察觉他们的反应，这一点非常重要。

如今，我在做演讲时，都会尽我所能，全身心地感知现场气氛，仔细倾听整个会场营造出来的"氛围"和"接受程度"。

如果感觉听众没有跟上，就稍稍放慢节奏。

特别是做报告时,你要留意决策者的眼神。如果对方没有盯着前方的投影画面看,而是盯着手边的资料,就等他一会儿吧。大部分情况下,对方是在意某个地方而看资料,等一会儿,他就会把视线重新放回幻灯片上。若等了一两分钟对方还没有抬眼,你就主动搭话吧:"请问,是我哪里讲得不够明白吗?"

另外,发表观点时,如果感觉可能好多人都不明白前两张幻灯片上的关键词,就返回那两张再简单解释一下,然后继续说。

我曾在观众席中隐约看到过 70 多岁的老人家。由于演讲主题是"世界各国广告大巡礼",完全不懂广告的老年人也过来了。幻灯片上放出"品牌有话说"这句话时,他们明显没看懂,一脸呆呆的表情。于是我不断解释:"这里所说的品牌,不是指香奈儿或爱马仕等奢侈品品牌,而是指普通商品的品牌。"

第 2 章第 8 节"做演讲而已,又不会死人,把它当成'与听众之间的对话'"中曾提到过,不使用投影仪而给大家发资料,特别容易看出对方的节奏。尤其是决策者,如果他还在看第 6 页,你却自顾自地将话题推进到第 7、第 8页,这场报告是做不好的。

在遇到这种情况时，就等待对方翻到第7页吧。如果对方还是不往前走，你就要主动询问："请问，这一页上是不是有不好理解的地方？"

不管做报告还是上台讲话，说话人和听众之间都在交流，都在对话，不是单方面喊话。听众脑子里会产生很多感受，比如"真有意思""不是很明白呀""讲太快啦"等。

日常对话中，无视对方的反应会被人讨厌，无法构建良好的人际关系。做报告或上场发言时也一样。

认真倾听听众未曾说出口的心声吧，这样，你的发言水平会大幅提升。同样是开口说话，你这样做，一定比别人收获更多。

留意听众的节奏，敏锐地察觉他们的反应，多次发言积累起经验后，你会更容易捕捉到日常会话中的节奏和听众的反应。

只说自己思考过的东西,提高应对尖锐追问的能力

真心话力量强大,具有独特的威力。自己思考过的东西,不管别人怎么批评你,你都不会感到胆怯。

"你应该这么说""这么说比较容易让人接受""这么说话显得比较聪明"等语,若真跟着照做,如此发言,会适得其反。一被人批评,你就会害怕。被指出话语中的矛盾之处,也无法反驳。就算想解释,也会激化矛盾,语无伦次。

经常有人在提案中放入"非自己思考过的东西",搞不好,这部分占比比真正想说的话还多。

说自己思考过的东西为什么不会畏缩?**就算被强势反驳,根据自己的实践经验和心得,以自己的方式一口气**

解释清楚就行了,完全没有必要胆怯。

因此,做报告或上台发言时,要一直讲真心话。

这个话题,在第 4 章第 3 节"在准备阶段就尽全力思考"中也提起过,对要发言的内容,一定记得在脑子里全部过一遍,并吃透它。

"放进去试试看呗""别人让我加我就加上去呗",尽量避免这些。就算是领导给出的意见,只要你自己没搞明白,就不要往企划书里面塞,这样才会带来好结果。

领导的意见要自行咀嚼到明白为止。要是不明白,就针对这一点仔细向领导进行说明。一知半解的内容,就不该塞进企划书里。领导和你一同参与听取报告时,要跟领导打好招呼:"如果被问到这里,您可要帮忙解释一下呀。"

总之,重要的是,自己没明白的事和自己没琢磨过的事,就不要开口说。

被批评或遭遇严苛质疑时,也应该以真心话作答。如果你真正了解、思考过那件事,不管被问到什么,直接阐述你的观点就好。边表现出理解对方的态度边重复说明"我是这么认为的",才是针对批评做出的有力反击。

你必须回应听众对你的批评,只是,能在现场加以驳斥的情况并不太多。

你能做的只有三步。

 理解对方的想法，表现出这份理解

 重复我方观点

 再重新考虑第 1 步的应对策略

"只说自己思考过的东西"，就算面对尖锐甚至咄咄逼人的批评，依然能够坦然自信地做出回答。

年过 40 之后，我开始以上班族的身份去此前从未接触过的、完全不明白状况的学会做演讲。我听过传言，说"那种地方聚集的都是权威人士、可怕的学究，商务人士去那里会被批判得非常惨"。似乎的确有这样的实例发生。我从一开始就站定"只说自己思考过的内容"的原则，最后轻松过关。

反之，如果你说些漂亮话，马上会被驳倒。"你的话前后内容不一致""这话太奇怪了吧"，类似这样，一旦被驳倒，发言就会陷入僵局，发言结束后的提问时间也会一败涂地。

为避免这种状况发生，最好的办法就是谨遵"只说自己思考过的内容"这一原则。

不加修饰的自己
就是最坚固的盔甲

应该以几分真实自我来一决胜负？这是做报告或上台发言时的终极课题。

你是不是常听人说"要放松点"？说"不要太紧张"的人也挺多吧？

的确，为了减轻不必要的紧张感，全身放松，告诉自己"发个言又不会死人"，缓和紧张气氛，都很有效。

但是，我觉得这和单纯的自我放松是两码事。精神一旦涣散，发言就做不好。

要想逻辑通顺，说话就要尽可能流畅些；要想和对方搭话，就要好好照流程来。方便的话，说上一两个笑话，边说边观察对方的反应。偶尔出现负面质疑声，也要边微笑边想办法应对。

这么一想，做报告或上台发言这件事，可以看作以会议室为舞台而进行的、头脑与感情并存的综合格斗技巧。不是我夸张，精神涣散或丧失斗志可是不行的。

认真给出全套表演，不能输给想要压垮你的东西，不被具有攻击性的质疑击倒，想要做到这些，最好的方法就是不伪装自己。

如今，我以几近真实的自我站在世人面前。但你要问我是不是放松下来了，也并不是那么回事。站两个小时后，下了讲台，我会觉得精疲力竭。我还是会留意周遭的情况，神经保持在紧绷状态。

没有人让我这么说，我也不想扮演什么角色，我只是如实说出自己心中明白的事，不管遭遇何种批评，我都真实作答。

当然，配合现场气氛做好面子工程，与对方保持礼貌的适当距离，这在我自身而言，也是真实的自我。只要你真实，你就不会太紧张，会有一颗平常心。不管被问到什么，"没什么特别的""和平时一样"去回答就可以了。

从这个意义上讲，**真实的自己，就是保护你自己的最大力量**。不加修饰的自己就是最坚固的盔甲。脱去头衔、职位和立场,你会以怎样的面目立于世人面前呢?

带着这样的思考,下次再上场发言时,在众人面前,你肯定再也不会紧张了。

结　语

口才好,工作也会进行得顺利;讲话不那么笨拙,自己那片世界也开始朝好的方向运转。

这是由嘴笨进化到口才好的我的真实感受。我的感受是这样的,观察我周围的朋友,也是如此。

当然,也有人不善言辞却依然取得卓越成就,但是,这不过是极少数人,且仅限于还具备其他优秀能力的人。

幸运的是,只要方法是对的,努力的方向也对了,口才变好就不是难事,任何人都能办到,不需要特殊才能和特别训练。

拿起这本书阅读的你肯定有实力,也一直在努力,做了好企划,也不缺执行力,唯独缺少一样东西。

就是在众人面前不再怯场,开口说话。

若能做到这一点,你的事业会更上一层楼,获得丰硕成果,漫步在充实的人生道路上。口才变好,人生也会随之改变。

细想想,到底有多少人苦于不擅长说话,而无法发挥原有的实力?有多少人每天面对工作时心情郁闷,看也不想看?又有多少人一张口发言就心跳加速、紧张得不知所措?

作为前笨嘴男的我写下这本书,希望多少能给各位带去一点帮助。

不过,人嘛,一旦做到了先前做不到的事,很快就会忘记以前做不到时的心境。

现在,我每天都在做面向学生的讲座,几乎不再出现任何紧张的情绪。讲的过程中,我会适度穿插几个笑话,让听众不至于烦闷,让他们听得津津有味;为使听众记住我讲的内容,我边费尽心思抓住他们的情绪边讲话。

另外,研讨会讲师、公司顾问、评委会评审员等职务,都需要在人前发言,我做得并不费力。

当然,换作从前,我是做不到的。如今,我只对自己曾是笨嘴男一事印象深刻,甚至我如何讨厌说话、为何就是不擅长说、阻碍我发言的到底是什么等细节,已掩埋在记忆的一隅。

这次,趁着写这本书的机会,我重新面对当时的心情,回忆起许多事情。不善言辞时招致的懊恼心情、苦闷情绪、难以忍受的境况,种种场景历历在目,我再次感慨万千:"啊,原来,我以前口才那么差呀。"

与此同时,我确信人是会变的。至少,可以由不善言辞到擅长讲话。在会议上发言,知道方法就不难做好。想让提案获得一片好评,掌握了好方法就一定办得到。发言完毕后,求神拜佛祈求不要有人来提问的心态转变成了"请吧,请来问,我欢迎"。要达到这一点,从某种意义上说,也很简单。

我试着把自己平时用的办法、日常生活中没有特别去想的事情,归纳为不同的方法并写了出来。为方便各位读者轻松照做,我字斟句酌,非常小心。

这对我自己也大有助益。把37个方法清晰地捋一遍后,感觉自己的说话技巧又进步了一些。

这个世界上,很多常识都没有用。如果你对某些方法一无所知,就会不知不觉地依照那些无用的常识去做事,还做不好。可以说,有些人不善言辞,正是因为他们不断地照着那些无用的常识去做事。

这37个讲话技巧,是痛定思痛从现场发言经验中总结出来的。不善言辞的人该如何脱胎换骨?我紧咬这个重点,一一归纳总结。

写完这本书回头重读一遍后,我确信它一定能对你有所帮助。

钻石出版社书籍编辑局第一编辑部的武井康一先生

给我提供了很多在会议中的亲身感受。多亏武井先生，我的文字才能变成通俗易懂的、具有实践指导意义的内容。真的非常感谢您。

另外，"作家经纪人"The Appleseed Agency 公司的宫原阳介先生，从企划阶段就一直陪伴我、支持我，在此，也送上我的感激之情。

还有，迄今为止认识的各界人士、平日里陪伴在我身边的各位友人，虽然无法一一做出感谢，我还是要借此版面再次向各位致以谢意。一直以来，都是因为各位在我身边支持我，我才走到了今天。

最后，祝愿所有笨嘴男（笨嘴女）早日脱离不善言辞的属性，在工作上取得满意成果，充实地度过每一天。我衷心期盼着。

笨嘴男再次请多指教。

佐藤达郎

2015 年 3 月

图书在版编目（CIP）数据

发言：从零开始高效沟通／（日）佐藤达郎著；朱
娅姣译. -- 重庆：重庆大学出版社，2021.7
（鹿鸣心理. 心理自助系列）
ISBN 978-7-5689-2748-2

Ⅰ.①发… Ⅱ.①佐… ②朱… Ⅲ.①心理交往—通
俗读物 Ⅳ.①C912.11-49

中国版本图书馆 CIP 数据核字（2021）第 105374 号

发言：从零开始高效沟通
FAYAN CONGLINGKAISHI GAOXIAOGOUTONG

【日】佐藤达郎 著
朱娅姣 译
鹿鸣心理策划人：王 斌
责任编辑：赵艳君　　版式设计：赵艳君
责任校对：刘志刚　　责任印制：赵 晟

*

重庆大学出版社出版发行
出版人：饶帮华
社址：重庆市沙坪坝区大学城西路 21 号
邮编：401331
电话：（023）88617190　88617185（中小学）
传真：（023）88617186　88617166
网址：http://www.cqup.com.cn
邮箱：fxk@cqup.com.cn（营销中心）
全国新华书店经销
重庆市国丰印务有限责任公司印刷

*

开本：890mm×1240mm　1/32　印张：6.875　字数：106 千
2021 年 8 月第 1 版　　2021 年 8 月第 1 次印刷
ISBN 978-7-5689-2748-2　定价：46.00 元

版贸核渝字(2018)第 267 号